INTRODUCCIÓN

Lo que el lector se va a encontrar en estas páginas son unas historias reales de personas y no personajes, con el consentimiento de sus protagonistas, he conseguido recopilar estas historias que llegan a mis oídos gracias a mi trabajo.

Son personas reales que llegaron a mi consulta exponiendo el miedo que sentían o bien a ser descubiertos o bien a ser condicionados en sus conductas habituales por infidelidades que algunos jamás llegaron a perpetrar.

No son mejores ni peores que nosotros, son personas que por uno u otro motivo se vieron envueltos en una serie de coincidencias que le llevaron a cambiar el comportamiento rutinario de sus vidas.

Por suerte para ellos y dosis de ego extra para mí estas personas lograron no solo pasar página, sino, que además me dieron el pertinente permiso para publicar sus historias lejos del pudor y la vergüenza.

Son muchas las historias que llegan a mi consulta parecidas a estas, pero al mismo tiempo todas distintas, todas diferentes, cada una de ellas con su sello personal.

Estoy recopilando actualmente más historias como estas para hacerlas llegar al público, sinceramente no lo hago por interés económico, solo el mero placer de darles el toque exótico que requiere cada historia, y siempre con el consentimiento y beneplácito de los protagonistas.

Capítulo 1

¡Felicidades cuarentona!

Así comenzaba el día, un 20 de abril de 2015, fue Sofía, mi hija mayor la primera en hacerme comprender que a partir de ese instante pasaría ya a formar parte de ese largo letargo de mujeres maduras, casadas y señoras de su señor que dejaban atrás el posible coqueteo siempre apacible que te da la oportunidad de jugar con tu edad argumentando siempre con veracidad que tienes treinta y tantos años sin engañar a nadie.

Sofía es mi hija mayor, tiene 22 años y estudia derecho en la universidad complutense de Madrid, una hija ejemplar, creció y estudió sin hacer el más mínimo ruido, siempre fiel y sumisa a las peticiones de sus padres, Ernesto mi marido y Alicia, una servidora de ustedes.

Julián, mi hijo pequeño, 20 años, más rebelde que su hermana, pero buen hijo también decidió alistarse en el ejército y fue el segundo en felicitarme, en esta ocasión desde Zaragoza, su llamada siempre breve pero efectiva para lo que quería decir, solo me felicitó y me deseó que pasase un feliz día.

Al ser huérfana, hija única de padres sin hermanos las demás llamadas se produjeron primero por parte de Paola mi cuñada, esposa de Javier el único hermano de Ernesto, cinco años menor que nosotros y completamente diferente a su hermano mayor, tanto en físico como en talento.

Javier era comercial de no sé qué empresa de jamones y vivían en Badajoz, él también me felicitó cuando lo hicieron los dos únicos hijos de la pareja, Asunción y Manuel, siete y nueve años respectivamente, los únicos sobrinos que tenía, eran buenos chicos, solíamos vernos en fechas señaladas y vacaciones conjuntas en verano, al menos desde hacía cinco años.

También me felicitaron los compañeros y compañeras del trabajo, ellos en modo presencial como no podía ser de otra manera, son amigos más que compañeros, ya que llevamos muchos años trabajando juntos, se trata de un gran supermercado de una conocida franquicia en Sevilla, la ciudad donde vivo con Ernesto.

Es un trabajo que me reporta autonomía, sentirme realizada, saber que no sólo soy la esposa de mi marido. Cierto es que con los ahorros que tenemos y el sueldo de Ernesto bastaría para vivir sin necesidad de que tuviese que trabajar, pero de verdad os digo que mi trabajo me reporta más beneficio moral que económico, más aún ahora que soy toda una jefa de sección después de haber trabajado como cajera durante muchos años, es el motivo por el que me gusta arreglarme, ir siempre bien vestida y cuidar mi alimentación con algo de deporte.

Y claro, como no podía ser de otra manera, Ernesto, su felicitación llegó a eso de las cuatro o cinco de la tarde cuando seguramente Sofía se lo recordase, me dijo que no podría llegar hoy a casa, que tenía la descarga en Madrid por la mañana, me prometió que al día siguiente me llevaría a cenar.

Es lo que tiene ser esposa de un camionero, claro que no se lo tuve en cuenta, comprendía perfectamente el trabajo que tenía y lo mucho que amaba su profesión, de cualquier manera, supongo que nos acostumbramos a vivir distantes y disfrutar cuando estábamos juntos sin tener que caer en la monotonía o rutina que todo lo puede.

Capítulo 2

Ernesto llegó al día siguiente sobre las seis y media o siete de la tarde, como siempre lo hacía con la mochila llena de ropa sucia, creo que jamás supo dónde se encontraba la lavadora, nunca se lo eché en cara o se lo tuve en cuenta. El protocolo era siempre el mismo, beso de bienvenida, mochila al suelo, en ocasiones regalo sorpresa de cualquier figurita fea de porcelana de Alemania, suiza o Italia, según tocase, yo hacía ver la hipócrita ilusión que le hacía y todos contentos.

Después a la ducha, pero antes había que pasar por la báscula, la digital para él, la analógica para mí, no era un capricho, simplemente que la analógica que yo utilizaba "solo" permitía un peso no superior a los 130 kilos, la obesidad de Ernesto era patente a la vista y me preocupaba su galopante añadidura de kilos cada vez que se pesaba después de dos o tres semanas de intervalo.

Ese día tuvo que esperar su protocolario paso de alcoba para tener sexo conmigo, el motivo era la inminente salida a la invitación que me había prometido para mi cumpleaños, entre unas cosas y otras nos dieron casi las diez de la noche y aún no habíamos salido.

También fui hipócrita al satisfacer la ilusión de su invitación al mismo restaurante chino que le gustaba frecuentar cuando estaba en casa. A mí no me hacía especial ilusión, pero acepté, aunque me molestó algo que no dejase elegir a la cumpleañera por deferencia, en cualquier caso, acepté resignada y degusté el rollito de primavera y los tallarines que pedí mientras Ernesto le faltaban manos para la sopa de nido de golondrina, sus dos rollitos de primavera, pan chino, pan de gambas, wan-tun frito y su plato estrella, la "familia feliz".

Ni siquiera sé cómo fue capaz de preguntarme si quería entrar en la heladería para terminar con el postre, una tarrina pequeña de chocolate blanco para mí y una de las grandes de chocolate y menta para Ernesto, sabía de sobra que en cuanto llegase a casa vomitaría todo y me diría que estaba malo con el estómago.

No hizo falta llegar a casa, lo echó todo en la cafetería donde me propuso tomar una última copa antes de llegar a la vivienda, finalmente se tomó un gin-tonic y se le arregló el cuerpo, yo pedí un par de ron con Coca-Cola, sabía que me harían falta.

Capítulo 3

Me dio tiempo a sacar la ropa de la lavadora cuando llegamos a casa, incluso llegué a tender un par de camisas o tres para que no se arrugasen mucho, Ernesto me esperaba en la cama, yo todavía me tenía que desvestir y desmaquillar, me llamó un par de veces para que me diese prisa o se dormía.

La situación era la siguiente, un tío de 150 kilos tumbado desnudo boca arriba en la cama, sé que era mi marido, lo sé, y lo quería, de hecho, lo quiero y lo seguiré queriendo, pero claro, una cosa era el amor que le profesaba y otra bien distinta era ver un micropene que se suponía erecto y casi tapado por completo por una enmarañada turba de pelo negro rizado que solo dejaba al descubierto un inflamado prepucio rosado.

Sabía que tenía que meterme ese trozo de carne desnudo en la boca, el alcohol ingerido una hora antes anestesiaba en parte el asco que comenzó a darme mientras los gruesos pelos rizados se me metían entre los dientes, por más que Ernesto empujaba mi nuca con su mano mi boca no palpaba más carne que la que allí había.

Yo sí estaba depilada, a laser, todo el cuerpo, antes de que su mini polla despidiese ese asqueroso fluido viscoso aparté mi boca y Ernesto me pidió que pusiese mi sexo en su boca. Dada su corpulencia se quedó inmóvil en la cama mientras yo de cuclillas me dispuse a ponerme encima de él dejando mi rasurado pubis en su boca, el calor de su lengua no sirvió de nada para excitarme, la posición y el lugar por donde pretendía pasar su órgano verbal no era ni la adecuada ni la correcta para dar placer alguno, por lo que hice lo que hacía siempre, fingir un primer orgasmo para que apartase su boca de ml sexo.

Es difícil explicar como no llego a experimentar sensación ninguna de penetración cuando me coloco encima de ese microscópico pene, os juro que lo intento, pero no lo consigo, en ocasiones pienso que es la cantidad de lubricante artificial que unto en mi sexo para poder realizar algo de coito sin dolor, porque la lubricación por placer hace años que me desapareció con Ernesto, por cierto, el único hombre que pasó bajo el arco de mis piernas, nunca antes ni durante el matrimonio conocí a varón alguno que no fuese él.

En cualquier caso, terminó corriéndose entre mis ingles al tiempo que yo gemía y demostraba con muecas y alaridos mi fingido placer, Ernesto no tenía que preguntar si lo había pasado bien o mal, pues con mis mentiras demostraba que era todo un semental campeón, antes de cinco minutos dormía como cual vencedor de su batalla.

Al día siguiente vuelta a la rutina, mis amigos del super y mochila de ropa limpia y planchada para el bueno de Ernesto, que ya preparaba su próxima salida con el camión rumbo a Francia esta vez, en una semana estoy de vuelta, me prometió.

Capítulo 4

Hace ya varios años que para las fechas vacacionales siempre cojo el mes de julio al igual que Ernesto, y hace años también que solemos alquilar ese mes de verano una casa en la playa compartida por mi cuñado Javier y Paola, con sus hijos claro, los míos decían que tenían otros planes para el verano y solía pasarlo hace tiempo cada uno con sus respectivos amigos o lo que sea.

Este verano de 2015 para no repetir Cádiz que era lo habitual o málaga y Almería que ya habíamos estado decidimos optar por Huelva, Punta Umbría exactamente, no nos preocupábamos mucho por el tamaño de la casa, ya que siempre comíamos fuera, desayuno con churros en algún establecimiento cercano, chiringuito a medio día y cualquier terraza con buen pescado para la cena, el piso de alquiler lo queríamos solo para asearnos y dormir, ya que pasábamos casi la plenitud del día en la playa.

La compañía de Paola era de gran ayuda y estímulo para mí, siempre fue esa hermana que nunca tuve, esa amiga con la que compartir un secreto, lástima que no pudiésemos vernos a diario, pero siempre que la necesitaba ahí estaba, Javier siempre fue…, bueno, me hubiese gustado que Ernesto se pareciera más a su hermano pequeño, pero las cartas ya estaban echadas y a cada uno nos tocó jugar con las que teníamos ya en nuestras manos. Asunción y Manuel eran niños obedientes y pocos ruidosos, me gustaba estar con ellos y pasábamos el día jugando y dándonos arrumacos.

Fue el segundo día de playa, solíamos bajar siempre con dos sombrillas, y dos sillas, una para cada hermano, las cuñadas y los niños intercalábamos ratos de sol y sombrilla tumbados en la toalla y untados en carísimas cremas de protección solar que tomando las oportunas precauciones siempre hacían buen efecto.

Ernesto y Javier se fueron al chiringuito a tomar algo mientras Paola y yo aprovechamos para tomar las sillas y seguir con nuestros cotilleos para ponernos al día, los niños jugaban en la arena y no los perdíamos de vista.

Me tuve que reír cuando vi llegar solo a Javier y me contó el motivo de su espantada del chiringuito y dejar solo a su hermano, pero primero pregunté claro está.

- ¿vienes solo? ¿y tu hermano? (preguntamos Paola y yo casi al unísono)
- Mi hermano se ha encontrado a un compañero de trabajo en el chiringuito, y no soy capaz de aguantarlos ni un minuto más a los dos, ya me conozco todos los modelos de camiones que hay, cuantos caballos tienen cada uno, qué ruta es la mejor para ir a Dinamarca o Italia, en fin, que prefiero estar con vosotras.

Ernesto se desvivía por su trabajo, era así, aprovechaba cualquier ocasión para hablar de camiones, y si encima se encuentra con un compañero de profesión en un chiringuito de playa bebiendo cervezas y comiendo sardianas, pues, hoy nos daría la "madrugá" esperándolo.

Paola se había puesto con la regla esa misma mañana, además tenía el vientre algo descompuesto, y nos dijo que iba en un momento al piso para cambiarse y hacer lo que tuviese que hacer en el baño, tanto su esposo Javier como yo misma insistimos en acompañarla, pero su negativa sirvió para convencernos y quedarnos a esperarla, Asunción y Manuel no entendieron el no de su madre y finalmente fueron ellos los que la acompañaron al piso, pese a los ruegos de su padre y los míos propios.

Capítulo 5

Al tiempo de marcharse Paola y los niños decidí de tumbarme en la toalla para tomar algo el sol, Javier seguía sentado y se puso a rellenar un cuaderno con crucigramas y sopa de letras, de vez en cuando me preguntaba por alguna palabra de ocho letras que comenzase por r o por otra de cinco que acabase en d, por decir algo.

Sabía que esos primeros días no debía de abusar mucho del sol, por lo que en un momento dado me levanté de la toalla y me dispuse a sentarme en la silla que Ernesto había dejado libre, como el mueble en cuestión estaba en la sombra no tuve que cambiarlo de ubicación, casualmente estaba justo en frente de mi cuñado Javier a pocos centímetros, tened en cuenta el reducido espacio que permite aprovechar la penumbra de un parasol no muy grande.

Me hice daño en el tobillo al levantarme, o quizá fuese un simple calambre, pero el caso fue que mi pequeña queja fue lo suficientemente sonora para que Javier me escuchase

- ¿Qué te pasa Alicia?
- Nada, no sé si es un calambre o que se me ha torcido un poco el tobillo al levantarme, pero ya se me va pasando, no es nada
- Déjame que le dé un vistazo, bonitos pies, por cierto

Un halago por su parte, me gustó, Ernesto no cuidaba esos detalles, y lo cierto era que me había gastado una fortuna entre la manicura y la pedicura, con los esmaltes más caros y duraderos del mercado, me gustaba mirar mis manos y los dedos de mis pies con esas uñas recién arregladas y pintadas de un color rojo muy vivo. Todo ese dinero que me gasté lo di por bien empleado con el piropo de mi cuñado.

Como la silla estaba justo en frente de la suya solo tuve que levantar un poco la pierna y apoyar mi pie derecho entre sus muslos, dejando reposar el talón en la silla.

Javier comenzó a palpar y masajear el pie de manera suave y cuidadosa, al mismo tiempo que me decía que no era nada grave y que solo sería un calambre, pero a mí comenzó a pasarme algo extraño, el masaje que me practicaba en el pie tenía una incidencia directa en mi bajo vientre, y eso me gustaba al mismo tiempo que me asombraba.

Conforme me fui acomodando en la silla mientras Javier practicaba el masaje comencé a darme cuenta de que la planta de mi pie descansaba por completo entre sus dos piernas, ocupando la totalidad de la parte posterior de su bañador, o lo que es lo mismo, la planta de mi pie estaba por completo apoyada en el sexo de mi cuñado.

Me di cuenta cuando comencé a sentir como la planta del pie ya no descansaba en terreno tierno y blando, poco a poco comencé a sentir como dentro de ese bañador había algo que iba creciendo al mismo tiempo que se endurecía, en pocos minutos mi mente pasó sin saber cómo del pudor y la vergüenza al claro propósito de apretar y aumentar aún más la presión de mi pie contra su sexo.

Percibí o noté de alguna manera la expresión relajada y gustosa en la cara de mi cuñado, el cual ya guardaba silencio y había pasado de masajear mi pie a simplemente acariciarlo y seguir los movimientos que casi sin darme cuenta comencé a practicarle con la planta de mi pie a su ya erecto y terso falo, y sí, supongo que ya os habéis dado cuenta de que lo que estaba ocurriendo en ese momento era una clara masturbación a mi cuñado practicada con la planta de mi pie derecho.

La situación era tan morbosa como extraña, los dos sentados, uno frente al otro, yo como el que no quiere la cosa masturbando a mi cuñado mientras vigilaba la posible intromisión de algún bañista alcahuete o la posible llegada de Ernesto o Paola, y de paso miraba de reojo o más bien me causaba satisfacción ver la cara y muecas de placer disimuladas en el rostro de mi cuñado.

Llegó un punto en el que Javier presionó con sus manos el empeine de mi pie invitándome a acelerar los movimientos ascendentes y descendentes de la masturbación, señal inequívoca de que la práctica llegaba a su fin, pero la casualidad hizo de que Paola y los niños comenzarán a aparecer por el horizonte, por lo que la situación pasó a ser en un instante de sexual a cómica y temerosa de ser descubiertos, lo cómico fue que Javier al darse cuenta de que su esposa e hijos venían hacia la sombrilla tuvo que levantarse dando un brinco al mismo tiempo que empapaba su bañador con el semen disparado sin control y se tuvo que meter corriendo en el agua disimulando sin efectividad su aún tremenda y clara erección.

Nadie se dio cuenta de nada, Paola no le dio importancia a la espantada de Javier al agua justo cuando llegaba, de hecho, le cambié inmediatamente el tema preocupándome por su estado y si había tomado algún medicamento para paliar sus dolores menstruales.

Después de aquello vino la calma, un par de miradas furtivas entre Javier y yo pero ni una sola palabra, almorzamos en el chiringuito con Ernesto ya sentado con nosotros, pero sin dejar de hablar de su compañero encontrado y de sus batallas de transportista, eso me venía bien para disimular o más bien distraer mi mente por lo ocurrido, porque ya nunca las cosas serían iguales con mi cuñado y mucho menos conmigo y mi mente, de alguna manera era la primera vez que había tenido un contacto sexual con un hombre que no fuese Ernesto.

Cuando llegamos al piso para asearnos y salir a cenar ya estaba más tranquila si se puede llamar así, como ya os dije anteriormente el piso era lo suficientemente confortable para tener dos habitaciones, una para Ernesto y para mí y la otra para los niños, Paola y Javier dormían en un sofá cama en el salón, la cocina era pequeña, y el aseo con un plato de ducha amplio y nuevo, quizá lo estuviéramos estrenando nosotros.

Los primeros en ducharse fueron los niños junto con Paola, así nos quitábamos a tres de un golpe, después iría el propio Javier que entraría aún terminándose de secar los otros, Ernesto a continuación y yo la última.

Al ser la última no tenía las prisas de los primeros en ducharme para dejar el sitio rápido, ese día en cuestión necesitaba de un ratito de intimidad simplemente para pensar en lo que había ocurrido, cuando entré en el baño todavía se respiraba el vaho y la humedad de los demás, me quité el bikini y entré en la ducha.

El agua fría comenzó a recorrer mi cuerpo mientras apagaba el fuego que tenía encendido desde esa mañana, pero casualmente me di cuenta del espejo grande que había justo frente al plato de ducha, el vapor había desaparecido al utilizar solo el agua fría, el espejo se había desempeñado y me contemplé desnuda frente a él devolviendo una imagen que por segundos comenzó a ser lasciva.

Allí observé a una mujer de cuarenta años, pero bien cuidada, con senos aún firmes y pocos caídos pese al efecto de la gravedad, siempre fui de grandes pezones, con oscuras areolas, mi pelo moreno y siempre corto no peinaba canas todavía, era un pelo sano, nunca utilicé tintes para cambiar el color, más abajo observaba el resultado de mis tarde de bicicleta estática y restricción de comida, el vientre era plano y si me ponía de perfil se Podía distinguir un trasero firme y bien redondeado.

Observaba el espejo mientras con mi mano acariciaba las partes de mi cuerpo que veía reflejado en el cristal, me acordaba de los muchos kilos que había puesto Ernesto y distorsionaba con mi figura, pero de alguna manera mi mente también comenzó a rondar la imagen de placer del bueno de Javier cuando lo masturbé con mi pie.

Esa imagen de mi cuñado en mi cabeza coincidía con mis caricias en mi bajo vientre y el interior de mis ingles, cuanto más pensaba en él más zonas de mi cuerpo comencé a acariciar, así me toqué los pechos jugando con pezones entre mis dedos, el pubis, alargando la yema de los dedos a la zona más carnosa e incluso pasando algún que otro dedo por ese estrecho y negro agujero que tenemos todos debajo de la espalda, en las nalgas.

Mi vida sexual era una especie de acto sometido aunque consentido con el único afán de darle placer a mi marido, nunca probé más carne que la de Ernesto y podría decir que no podía echar de menos lo que no había vivido o sentido, pero no era así, claro que me hubiese gustado tener o llevar una vida sexual más plena, más placentera, con más fuego, pero resignada a acaté sumisa lo que dios dijo que unió para siempre, en ocasiones me arrepiento pero siempre salgo triunfante cuando pienso que lo amo, o quizá lo quiera… en cualquier caso la práctica de la masturbación cumplía lo suficiente mis expectativas sexuales.

Esa noche salimos todos a cenar, cambiamos de terraza y tomamos un helado en la misma heladería del día anterior, Javier y yo nos mirábamos, Javier y yo hablábamos sin decir nada, Javier y yo pretendíamos pecar y quemarnos en la hoguera eterna.

Capítulo 7

No dormí mucho aquella noche, si hubiese estado en casa o sola habría encendido la tele y seguro que a los diez minutos ya estaría dormida, eso era lo habitual en mi casa, aprendí a estar sola y me gustaba, pero las noches siempre me costaron más trabajo echarlas sola, por lo que pusimos un televisor en la habitación y siempre me acostaba dejándolo encendido y en silencio.

No quería levantarme por no hacer ruido, además Paola y Javier dormían en el salón, pero unas ganas inminentes de orinar me hicieron levantarme para ir al baño, intenté hacer el menor ruido posible, no tenía que encender ninguna luz, el piso no tenía aire acondicionado y las ventanas estaban todas abiertas dejando entrar bastante luz de la calle.

Paola dormía de lado en la parte del sofá que tiene los respaldos, su cabeza pegada a ellos, no sé ni cómo podía respirar, pero Javier dormía a pierna suelta y boca arriba, en calzoncillos, unos calzoncillos que cuando me quedé fija mirando descubrí que escondía una gran erección, no disimulé, no tenía que hacerlo, ambos dormían y el único que podría descubrirme era él, y lo hizo, por algún motivo se despertó, por alguna razón intuyó la lasciva mirada de la intrusa que osó profanar su sueño.

Javier se restregó los ojos con las manos para cerciorarse de la espía, primero me miró a mí y después dobló su cabeza para deleitarse con su propia erección, volvió a mirarme, pero mis ojos ya no eran recíprocos para los suyos, mis ojos se clavaban en el abultado bulto de su entrepierna, aunque había claridad suficiente la noche ofrecía sombras de penumbra por lo que tardé unos segundos en reaccionar, Javier había apartado la tela de su ropa interior y mostraba alegre un falo grande, grueso y acabado con un oscuro y descubierto prepucio carnoso, colocó su mano en el falo y lo agarró como se agarra la empuñadura del manillar de una moto, comenzó a masturbarse, lo seguí con la mirada y metí las yemas de mis dedos entre la tela de mis bragas y mi carne, me impresioné de mi propia humedad inundando el tejido de mi tanga, solo el movimiento de Paola al intentar darse la vuelta truncó la posibilidad de que llevásemos la masturbación hasta el final, el en su cama con su esposa y yo apoyada en el quicio de la puerta donde dormía mi marido.

Cuando volví a mi habitación me dio un ataque de risa, no podía evitarlo, ni vergüenza ni pudor, solo risas, Ernesto me mandó callar y solo mi almohada fue testigo de mi lujuria.

Al día siguiente la rutina de levantarnos e ir a desayunar churros con chocolate, después al piso de nuevo y coger las sombrillas y las sillas para el paseíto de poco más de diez minutos para llegar a la playa.

Capítulo 8

Paola estaba ya mejor, Ernesto volvió a coincidir con su amigo en el chiringuito, los niños jugaban en la arena y Javier miraba a no sé dónde sentado en su silla, yo lo observaba con disimulo tumbada en la toalla.

Fueron los niños los que pidieron meterse en el agua, primero se lo pidieron a su madre, pero, aunque Paola estaba mejor no quería bañarse con el periodo, por lo que relegó la custodia en Javier, el mismo que dijo que no le apetecía, por lo que con toda clase de carantoñas y mimos por parte de Asunción y Manuel fui yo la que acabó metida entre las suaves olas al cuidado de los sobrinos.

Estaban jugando con una pelota dentro del agua cuando se acercó Javier, sin dar mucho tiempo a que sus hijos y yo misma lo salpicásemos de agua se metió de zambullida, se sumó también al juego de la pelota con nosotros, el juego consistía en que Manuel nos tiraba el balón y uno de nosotros teníamos que cogerlo, así de fácil, así de simple, así de infantil como no podía ser de otra manera.

Dos o tres veces tuvimos que reñir a Manuel para que no lanzase la pelota con tanta fuerza, porque se iba demasiado lejos y Asunción no podía ir a por ella, por lo que tanto Javier como yo nos peleábamos por coger el balón uno antes que el otro, y aquí comenzó un nuevo y peligroso juego para nosotros, pero como casi todo peligro venia acompañado del poderoso placer y morbo que da lo que está prohibido.

Fue en unos de los lances del juego, llegué primera a la pelota, pero Javier lejos de rendirse y claudicar a mi victoria decidió rodearme con sus brazos desde atrás para quitarme el balón que escondía abrazado en mi barriga, comenzó siendo una lucha divertida, casi sin violencia, pero hubo un momento en el que decidí jugar sucio, decidí morder su mano.

Claro que no me lo puso fácil Javier, su reacción ante mi mordisco fue meter la mano el agua para darme una cachetada en el culo, el mismo fluido frenó su actitud, pero lo que hizo fue a mano abierta agarrar mi trasero con fuerza, eso más que gustarme me excitó, después de una breve mirada alrededor me di la vuelta, abrí mi boca y le di un bocado el cuello con succión incluida y lametón de lengua después, tuvimos que detener el combate por el serio peligro que corríamos de terminar rendidos y apasionados como cual adolescente bribón.

El cuello de Javier salió marcado del agua para deleite de mis pecaminosos pensamientos, Paola pensó que fue un golpe de pelota o un arañazo de los niños, Javier sabía que era una llave que abría una puerta.

Almorzamos de nuevo todos juntos en el chiringuito, pasamos bien la tarde y la misma rutina posterior de la ducha, con tocamientos lascivos por mi parte también, aquella noche dormí de un tirón.

Capítulo 9

Era el día de San Fermín, por lo tanto, una semana ya en Punta Umbría, el tonteo entre Javier y yo seguía, pero había bajado de intensidad porque siempre teníamos a alguien alrededor que quería vigilarnos, al menos eso parecía, aunque solo eran paranoias nuestras, ya que nadie sospechaba nada de lo que realmente había pasado en serio, nada.

Ernesto y Paola podían pasar por ser dos personas completamente opuestas, diferentes, nada que ver el uno con el otro, mi cuñada era profesora, lectora y devoradora de libros, ama de casa y le gustaba cuidar su físico con deporte y comida sana, en este aspecto eran polos opuestos, pero tenían más en común de lo que pensaban, creo que por eso se llevaban bien, aunque a decir verdad no era difícil llevarse bien con los dos, ambos empatizaban rápidamente con el prójimo.

La música flamenca, el Betis, los programas y series más antiguas de la televisión y los toros, todo eso formaba parte del repertorio de gustos de ambos, por eso mismo decidieron salir temprano al bar donde solíamos desayunar para ver en una pantalla grande el primer encierro de San Fermín de este año 2015, Manuel también los acompañó ya que Paola infundió su pasión a su hijo mayor, aunque de momento no lo consiguió ni con Asunción, su pequeña, ni con Javier, su marido, ambos se quedaron en el piso conmigo que tampoco me gustaban los toros.

Habíamos quedado en salir a desayunar cuando Asunción se levantase, ellos nos esperarían fuera dando un paseo por la ría viendo los barcos, Javier y yo nos miramos cuando cerraron la puerta al salir, el miró hacia mi habitación y yo le seguí con la mirada, pero sin decirnos nada, y así se quedó, en miradas intuitivas que posiblemente podían decir lo mismo o no, pero que en cualquier caso no supimos porque Asunción se acababa de levantar.

Asunción se levantó preguntando por su madre, su principal preocupación no era echarla de menos, sino de que cabía la posibilidad de que fuese su padre quien la peinase antes de salir a la calle, y eso la pequeña sabía que no era buena idea, cuando le dije que sería yo su peluquera me abrazó y me dio un beso.

Mi habitación estaba justo frente a la de los niños, puerta contra puerta, aun sin vestir y con un pijama de pantalón corto y una camiseta de Ernesto que Llevaba puesta entré en la alcoba de los pequeños para hacerles la cama, después vestí y peiné a Asunción, Javier ya se había vestido cuando terminé con mi sobrina, ahora me tocaba a mí.

Entré en mi habitación y cerré la puerta, me quité la blusa y al no llevar sujetador me quedé en tetas, Asunción abrió la puerta sin preguntar ni pedir permiso para decirme que no encontraba no sé qué bolso que le había regalado su abuela en Badajoz, le pedí que le preguntase a su padre y salió sin cerrar la puerta. Justo cuando me estaba quitando el pantalón vi como Javier entró en la habitación de sus hijos, no se dio cuenta de mi desnudez hasta que no se dispuso a salir con el bolso perdido de la pequeña en la mano.

Se quedó primero parado, después retrocedió dos pasos, los dos nos miramos, pero yo no sentí vergüenza ni pudor, me quedé completamente desnuda para deleite de los ojos de Javier, incluso me quité las bragas a propósito, porque en principio puestas de la noche anterior no me las iba a cambiar.

La niña estaba en salón viendo la tele, yo me di un par de vueltas o tres para que Javier pudiera contemplarme, hacíamos como si todo aquello fuese un accidente, pero no lo era, de espaldas a él y siguiendo con mi desnudez me agaché simulando coger algo del suelo que se me hubiese caído, Javier no aguantó más y tuvo que salir corriendo al cuarto de baño, me reí y me dediqué el resto del día a hacer alusiones en cada bebida que tomaba para que le pusieran una pajita, solo él y yo sabíamos de lo cómico y morboso de mis chistes malos.

Capítulo 10

Dos días después de San Fermín y repitiendo el mismo protocolo matutino, quiero decir, puerta abierta para mi cambio de ropa, Ernesto, Paola y Manuel esperando en el bar donde seguían viendo los encierros de Pamplona, Asunción viendo dibujos animados y Javier gratificando su vista con mi desnudez.

Después de una semana que llevábamos en la playa tomando el sol prácticamente todo el día habíamos cogido ya un tono de moreno evidente y visible, por lo que decidí estrenar el vestido blanco que me compré prediciendo el cambio de tono de mi piel, era un vestido corto, con una falda de vuelo que dejaba ver con elegancia o en plenitud todo el volumen de mis piernas, incluyendo muslos y algo de nalgas si el viento hacía de las suyas, la parte de arriba era suelta también, de un tejido parecido a la gasa que permitía transparencias, estuve a punto de estrenarlo la noche anterior, pero cenando decidimos hacer al día siguiente la visita al convento de la rábida que teníamos previsto, y lo dejé para esta ocasión.

En estos nueve días Javier no había parado de echarme piropos, independientemente del tonteo real y palpable en ocasiones que teníamos morbosamente a escondidas, a Javier le gustaba todo de mí, decía que tenía un cuerpo perfecto y muy sexy, incluyendo y haciendo hincapié en los dedos y uñas de manos y propio pie, un gesto claramente fetichista pero que a mí me traía loca de placer y me gustaba, terminé de vestirme y de pintarme (siempre a puerta abierta) y salí al salón para preparar a mi sobrina para irnos a desayunar, pero Javier se me quedó mirando y me dijo

- Estás preciosa Alicia, ese vestido te queda de maravilla, creo que me estoy poniendo malo solo de mirarte, no voy a parar de soplar en todo el día para que se te levante el vestido y verte las bragas

Me hizo gracia el comentario, aunque me causó más gozo y placer su cumplido, me quedé mirándolo, puse cara de pensativa malvada y en un breve gesto me quité las bragas y las dejé encima de la mesa

- Pues me parece que hoy te vas a quedar con las ganas de verme las bragas (dije y sonreí malévola)

Javier cogió la prenda y se la guardó en el bolsillo

- Cuando te hagan falta me lo dices, que yo mismo te ayudo a ponértelas
- Creo que podré hacerlo sola, pero gracias por ofrecerte, una ayuda tampoco viene mal y no voy a rechazarla

Ahora sonreímos malévolo los dos, con miradas encontradas

- Si te estorba el sujetador tengo otro bolsillo, además llevaré mi mochila

No me lo pensé dos veces, y delante de él me deshice sin disimulo de la prenda superior volviendo a recolocarme el vestido, pero no caí en la cuenta de las transparencias de la parte de arriba del vestido, no llegué a mirarme en el espejo después de quitarme el sujetador y Javier tampoco me dijo nada, fue mi cuñada Paola la que escandalosa me hizo mención cuando llegamos al bar a desayunar, Ernesto también me echó una mirada e hizo un comentario parecido al de Paola.

Curiosamente los dos que hicieron el comentario desaprobatorio de la prenda, tanto mi cuñada como mi marido fueron los que me terminaron convenciendo de que no volviese al piso para ponerme el sujetador, ya que tampoco era tan evidente la transparencia, más bien insinuante y que me quedaba bien, aunque de sobra sabía que la oscuridad de mis pezones sería indisimulable ante tan fina tela.

De cualquier modo, después de desayunar y sin ropa interior nos montamos en el coche de Javier para ir a la rábida, su coche era de siete plazas y podíamos ir todos en un mismo coche, evitando más gastos del bote en común que habíamos creado para las vacaciones y que llevábamos tres años practicando y nos iba bien.

Capítulo 11

Llegamos en poco menos de media hora al convento, Javier no utilizó el GPS del coche porque Ernesto sabía llegar, de echo mi marido y yo era la tercera vez que visitábamos el lugar.

El lugar es digno de visita, con varias cosas que ver a parte del convento, como pueden ser la réplica de las tres carabelas que partieron rumbo a América con ese navegante con apellido de detergente, y fue precisamente en una de las carabelas donde pasó otra cosa curiosa y que os cuento.

Después de la visita al convento donde por cierto un par de monjes me hubiesen devorado con sus miradas bajamos al embarcadero donde se encontraban las naos, eran pasarelas estrechas y comencé a pasarlas un poco "canutas" para no enseñar hasta el alma, no sé si queriendo o de casualidad fue Javier el que se colocó detrás de mí, ya que Paola llevaba a Asunción de la mano y Ernesto hacia lo propio con su sobrino, como se accedía al barco por la bodega había que subir la escalerilla que daba acceso a la cubierta para seguir con la visita guiada, eran unas escaleras estrechas, con pendiente y con escalones en vuelo, por lo que si alguien estuviese abajo o detrás de mí contemplaría mi desnudez en primicia.

Solo era Javier el que podría deleitarse con las vistas, ya que no había ningún intruso que pudiese mirarme en ese momento, por lo que se colocó detrás de mí y comencé a subir los peldaños, lenta muy lentamente, con sigilo para dar tiempo suficiente a Javier para que contemplase mis entrañas escondidas.

El efecto fue inmediato, Javier salió corriendo del barco con la excusa de que le habían entrado unas ganas inminentes de ir al baño, no dijo ninguna mentira, el bulto delatador que escondía su entrepierna podía ser testigo visual de los hechos.

De sobra sabía yo para qué eran esas ganas locas y repentinas de ir al baño, en cualquier caso, terminamos con la visita y nos sentamos a tomar un refresco en una terraza ambientada en la época allí en el mismo embarcadero, Javier buscó la oportunidad de pillarme a solas por unos segundos y me entregó una bolsa, me susurró algo en el oído

- Ahí tienes tus bragas, están mojadas, no te las vayas a poner ahora que serías capaz de quedarte embarazada solo con olerlas
- Eres un cerdo (le susurré y se echó a reír)

Había menú en la terraza, pero dada la cercanía de la capital decidimos visitarla, Ernesto se salió con las suyas y nos convenció a todos para que almorzásemos ese día en un restaurante chino, y comiendo decidimos que después iríamos a un centro comercial que había por allí cerca, todos teníamos algo que comprar, ni por imaginación ni fantasía se me pasaba por la cabeza lo que me estaba a punto de pasar.

Capítulo 12

Cuando llegamos al centro comercial nos dividimos, era un día de calor excesiva, pero dentro de aquel centro se estaba bien, eran horas donde la gente dormía siesta o estaba en la playa refrescándose, por lo que el lugar no estaba concurrido y se podía pasear y entrar en las tiendas sin prisas y sin el agobio del que se pone a tu lado a intentar ver la misma prenda que tú a la vez sin respetar un mínimo de distancia.

Ernesto y Javier se fueron a la sección de automóviles y después irían a la de telefonía donde quedarían con Paola para renovar sus teléfonos móviles, ya que ambos tenían modelos antiguos y envidiaban los últimos modelos del mercado que teníamos Ernesto y yo, pero eso sería después de comprarles algún calzado y ropa a los niños, como la tarde prometía tiempo decidí ir por mi cuenta para ver si me gustaba algo de lo que había por allí, algún vestido, algún zapato, incluso puede que algún bolso.

Cuando me quedé sola decidí sentarme en unos de los bancos que había en el establecimiento y que resultaban bastante cómodo, aunque no apto para señoras con vestidos cortos y sin bragas, pero me senté, saqué el móvil y mandé un par de mensajes a mis compañeras de trabajo para preguntar cómo les iba y de paso mandarles alguna foto de mi estancia vacacional para envidia de estas.

Entre WhatsApp y WhatsApp me fijé en el detalle de un par de chavales, tendrían quizá 18 o 19 años, no más, puede que incluso menos, habían pasado al menos tres veces delante de mí, en una de las pasadas observé como miraban la desnuda piel de mis muslos que sin darme cuenta de mostraba casi en esplendor todo lo que tenía que estar tapado con las bragas que ahora tenía en mi bolso lleno del semen de mi cuñado.

Lo curioso es que me gustó la pasada de los chicos y sus gestos de aprobación con algún silbido incluido cuando pasaban por mi lado, me hacía sentir viva, es más, ese verano estaba más viva que nunca, la prueba la tenía en las bragas que estaba a punto de tirar por el olor que comenzaba ya a desprender y que quise guardar como fetiche de una conquista que todavía no tenía bandera ni pendón.

Después de un rato de envidias sanas por parte de mis compañeras de trabajo decidí levantarme, por alguna razón esos chicos me habían provocado algo extraño en mi cuerpo, en mi vida, ese algo extraño en el argot lacayo podría ser algo así como un calentón del quince, sumado, claro está, al que ya me venía produciendo mi cuñado desde que llegamos a la playa.

Entré decidida en una de esas tiendas de ropa de moda joven y unisex, no era mi estilo, pero lo que me estaba pasando estos días también estaba lejos del estilo de mujer casada, fiel y sumisa a su esposo, por lo que decidí cambiar algo el vestuario estos días, había un par de camisetas y pantalones que me gustaron, los fui almacenando debajo del brazo para probármelos todos juntos y no tener que estar entrando y saliendo de los probadores cada vez que me gustase un pantalón, me encontraba agachada y de cuclillas viendo unos zapatos que estaban en la parte baja de una estantería, cuando quise levantar la vista volví a ver a esos dos chicos de antes que se reían y cuchicheaban entre ellos sin apartar la vista de mis piernas, seguro que estaban hablando de la inexistencia de mi ropa interior, no me sentí incómoda y les regalé un par de minutos más de espectáculo gratis.

Los probadores estaban escondidos en el lateral de la tienda, era un pasillo largo de al menos 15 metros, con probadores a derecha e izquierda en todo lo largo del pasillo, con cortinillas los de la izquierda y puertas con cerrojo los de la derecha, cada probador con un espejo de al menos dos metros de largo y uno de ancho.

La tienda a esas horas estaba vacía, pregunté a una risueña dependienta que, si tenía que hacer algo para entrar en los probadores, me devolvió la respuesta en forma de pregunta por si había alguno de esos chismes de seguridad que me estorbasen para poder probar las prendas, a mi negación me invitó a que accediera al pasillo de los probadores y utilizase el que quisiese.

Quizás por inercia o comodidad entré cargada de ropa en uno de los vestuarios de la izquierda, los que tenían cortinilla, me quité el vestido y me puse a probarme pantalones y camisas, mirándome al espejo me percaté de algo, la cortinilla no estaba bien cerrada, había una ranura lo suficientemente ancha para que esos dos mirones siguiesen almacenando recuerdos para sus consiguientes pajas vespertinas.

Pero si de algo estaba segura era de que la práctica manual de sexo inducido por parte del propio complaciente en ese momento era en puestos muy altos por mi parte, ya que esos chicos me estaban poniendo cada vez más cachonda con su afán de perseguirme y loar mi cuerpo, me armé de valentía incitada por mi calor.

Cuando conseguí zafarme de uno de esos pantalones que me estaba probando hice algo que ahora que lo cuento no sé ni cómo fui capaz de hacerlo, volví a quedarme desnuda y abrí la cortinilla por completo, los chicos se quedaron de piedra, incluso hubo uno de ellos que parecía que iba a salir corriendo, no lo hizo.

Capítulo 13

Ambos se quedaron ensimismados contemplando la madura desnudez de mi cuerpo

- ¿Qué? ¿Os gusta lo que veis? (dije firme y valiente) -   Señora, está usted buenísima (espetó uno de ellos) -   Pero ¿cómo que señora? ¿Tan mayor soy?
- No, no, no he querido decir eso, es usted la mujer más guapa que he visto… y esas tetas

El nerviosismo de los chicos me sirvió para tomar una delantera de algo que no sabía en ese momento donde iba a ir a parar, les seguí el juego y comencé con una especie de ruleta rusa.

- ¿A cuántas mujeres desnudas habéis visto vosotros, pipiolos?
- Yo tuve novia, pero lo dejamos porque me dijo que no me quería, pero me acosté con ella algunas veces (dijo el más bajito)
- Yo no he tenido nunca novia en serio, pero he estado con algunas chicas (concluyó el que parecía mayor)
- Total, que follar habéis follado, pero con chicas de vuestra edad, ¿qué os parece el cuerpo de una madura?
- Usted es joven no es madura y tiene el cuerpo más espectacular que he visto jamás (el bajito se lo curró)
- Yo me tiraría ahora mismo sobre sus tetas (demasiado bruto el otro, pero consiguiendo calentarme aún más)
- No seas bruto Iván (intentó corregir el amigo)

Por algún motivo, por empatía, por calentura corporal o simplemente por probar algo nuevo, pero asomé primero la cabeza al pasillo, me cercioré de que no había nadie más a parte de los chavales, y crucé desnuda con la ropa debajo del brazo a los probadores con puerta y cerrojo, pero antes les hice un gesto a los chicos para que me acompañasen a entrar en el probador.

El primero se lanzó sin preguntar a mis pechos, lamía y relamía mis pezones una y otra vez, incluso llegándose a atragantar al intentar meter el seno entero en su boca, el otro se dedicó a magrearme con sus manos hasta que comencé a sentir el calor de su lengua por mi espalda hasta llegar a las nalgas, donde sorprendentemente intentó inmiscuir su lengua en mi angosto agujero.

Eran pipiolos, pero estos chicos comenzaron a proporcionarme un placer hasta ahora desconocido por mí, perdí la delantera de la situación para dejar a ellos las riendas del inminente apareamiento.

El que estaba lamiendo mis pechos se bajó el pantalón y me mostró un gran falo erecto de gran proporción y totalmente rasurado hasta sus testículos, con un gesto me invitó a que me agachase y disfrutara del sabor salado del miembro, podía notar como mi sexo lubricaba y ardía el flujo resbalando entre mis muslos, acariciaba, agarraba, lamía, sobaba e introducía el falo en mi boca hasta llegar a mi garganta evitando alguna que otra arcada.

Estaba agachada solo de cintura para arriba, como si mi cintura fuese la bisagra, de modo que mis piernas permanecían tersas y firmes mientras practicaba la felación a uno de ellos y el otro llenaba de saliva mi culo, de repente dejé de sentir la humedad de su lengua en mi agujero negro, noté la presión de sus manos en mi cintura y comencé a notar como algo más grande que su lengua quería atravesar la señal de stop de mi virginal agujero negro.

Me dolía, intenté pararlo y que cambiase de agujero, pero solo me hizo caso por un tiempo, porque de un tirón metió el miembro por mi sexo y yo quise morir de placer, supongo que el chico no estaba cómodo en la situación y de nuevo sacó su sexo del mío para intentar sodomizarme por atrás, se ayudó con su saliva, lo ayude con la mía, en ese momento estaba dispuesta a todo, el miembro del otro chico en mi boca ahogaba los posibles gritos de dolor y placer que me proporcionaba el que me penetraba por detrás, las sacudidas de el de atrás eran cada vez más fuertes y el dolor se acentuaba cada vez más en mi culo, pero por ningún motivo o circunstancia iba a permitir ser yo la que acabase esa sesión de pecado y lujuria, la sensación de calor y humedad en mi boca me señaló la finalización del que me introducía el miembro en mi boca, me la inundó con su líquido blanco y viscoso, me quedé mirándolo y puso cara de circunstancias, para no hacerlo sentir mal y para sorpresa de ambos creo que más por mi parte terminé tragándome el contenido que depositó en mi boca, sin nada que amortiguase ya mis gemidos comencé a dar rienda suelta y desenfreno a la pasión y al mismo tiempo que me sacudía por detrás me masturbaba el clítoris para proporcionarme más placer.

Entre gritos, gemidos y sacudidas terminó de llenarme el chico de atrás con toda su lega el interior de mi agujero ya no tan estrecho, mi orgasmo fue tan brutal y escandaloso que la chica del mostrador comenzó a aporrear la puerta diciendo que estaba llamando a la policía.

Capítulo 14

Aunque la chica de la tienda se escandalizó abrimos la puerta a tiempo para que cortara la llamada a los agentes del orden, los chicos no mostraron vergüenza ni pudor y les pedí que se fueran, me quedé intentando explicar lo que no necesitaba de palabras para comprender, por suerte no entró nadie en la tienda a esas horas, y mucho menos ninguno de mi familia, la chica pareció entenderme cuando le expliqué casi con detalle la verdad de todo lo ocurrido, me quedaba la duda de que me confundiese con una prostituta, pero una mujer que hace la calle no deja una propina de 200 a la dependienta después de haberse gastado 1000 en la tienda.

Solo Paola se sorprendió al ver el contenido de mi compra, que en cantidad era breve, y diría que casi feo, pero el comodín del libro de los gustos me sirvió para salir del paso, Ernesto no sabía ni de la existencia de la tarjeta de crédito con la que había pagado, por lo que nunca se enteraría de mis gastos, como ocurría siempre, claro.

Después de aquello nos volvimos a Punta Umbría de nuevo, a seguir con la rutina de los últimos días, quería empezar a notar la vergüenza, pero por más que la buscaba no la hallé, eso sí, curiosamente le evité más la mirada a mi cuñado Javier que a Ernesto, de algún modo mi cabeza me decía que la infidelidad fue a Javier y no a Ernesto como en realidad ocurrió.

Esa noche no dormí, había varios factores que me impedían hacerlo, el dolor físico de la penetración anal aún me duraba y aunque poco a poco me iba doliendo menos sí que me molestaba, el otro dolor, vergüenza o culpa la iba soportando también como podía, seguía sorprendiéndome a mi misma de seguir con la sensación de deberle una explicación a mi cuñado, que evidentemente no se la iba dar.

Al día siguiente Ernesto y Paola decidieron ver el encierro en casa, por lo que no hubo sesión de estriptis en casa, en la playa Javier intentó de hacerse el encontradizo conmigo o de insinuarme cualquier tema relacionado con el tonteo que llevábamos días atrás, pero no consiguió su propósito, la culpa con respecto a Ernesto comenzó a aparecer como una pequeña sombra.

En mi interior no me arrepentía de nada, había disfrutado gozosa de aquella situación morbosa y placentera, una nueva experiencia que quizá me hacía falta, me hubiese hecho falta desde hacía mucho tiempo, pero en cualquier caso llegó, ni tarde ni temprano, sólo cuando tuvo que llegar.

Lo de Javier fue aquello que pudo ser y no pasó, ahora en la distancia del tiempo casi lo agradezco, cierto es que algo hubo, no voy a engañarme, y cierto es que después de aquello me he enjabonado el cuerpo pensando en sus caricias más de una vez, pero prefiero haberlo dejado ahí, en la insinuación casi consumada, quien sabe si algún día pasará algo entre nosotros.

MARINA Y SUSANA

Capítulo 1

Estudiar en un colegio de monjas te da el conocimiento suficiente para poder afirmar años después que todo lo que tiene que ver con el controvertido mundo de las religiones es un universo lleno de hipocresía, maldad y misoginia desmedida que convierte al beato adicto a la fe en borrego de un rebaño dirigido por lobos.

Salí del colegio con catorce años, sabiendo planchar, fregar, coser y todo lo relacionado con las labores domésticas de una casa que según las monjas del clero debía ser llevada siempre por la sumisión y fidelidad de una esposa dueña de su señor que a la postre era su marido.

No penséis que estoy hablando de los años del franquismo, nada de eso, el día que abandoné los estudios de ese diabólico colegio de monjas tenía 14 años y era el año 1995, mucho después de la famosa transición y la conocida movida madrileña que tanto modernismo aportó a la sociedad.

Mis padres eran católicos, un matrimonio de fe, criados en un pequeño pueblo en la serranía de Jaén, de nada les sirvió venirse a Madrid y cambiar los machistas hábitos de ambos donde daban por sentado el patriarcado de mi padre ante la sumisión de mi madre, la cual decía que el mundo se estaba volviendo loco con tanto adelanto para la mujer, mis dos hermanos mayores gozaron de la libertad de unos padres anclados en un pasado que como veis no era tan lejano.

El primero en traer novia a casa fue mi hermano pedro, Lo hizo en el año 94, un año antes de que acabase mis estudios, pedro tenía 18 años cuando nos presentó a Lorena, una chica feota y regordeta con la que se casó siete años después, poco contacto tuve con ellos, ya que se fueron a vivir a Valencia donde mi hermano encontró trabajo en el puerto.

Jorge, mi otro hermano, dos años mayor que yo, también dejó de estudiar pronto, pero se sacó los carnés de conducir y encontró trabajo de repartidor en una conocida empresa de paquetería internacional, me llevaba muy bien con él y era o es un hombre justo, detesta el machismo y todo el contubernio que tiene que ver con las religiones, tuvo varias novias, pero finalmente acabó casándose con Susana en el año 2011, mi cuñada se convirtió en mi mejor amiga cuando formalizaron la relación allá por el 2005.

Capítulo 2

Nací y crecí a pesar del conservadurismo de mis padres como una niña feliz y mimada, eso no quita del cumplimiento como mujer de todas las tareas de casa desde que era bien pequeña, con castigo incluido si no hacía bien una de las camas de mis hermanos o si se me caía un vaso a la hora de poner o recoger la mesa, nunca jamás castigo físico, pero sí que alguna que otra noche de ayuno o almuerzo sin postres.

Estando en casa solo salía a la calle con mis padres, nunca con mis hermanos que siempre tenían cosas importantes que hacer, o al menos más importantes que hacer de niñera con su hermana pequeña, esta situación sumada a la insistencia de chicas de mi edad en el entorno vecinal donde vivía hacía que lo más parecido a una amiga tenía que buscarla en el colegio de monjas donde estudiaba.

Mis padres decidieron matricularme desde el primer curso de la ya extinta E. G. B en un colegio dirigido por monjas a diferencia del público donde estudiaron mis hermanos, tanto mi padre como mi madre lo tuvieron claro de primera hora

- La niña quien mejor la puede educar es una monja, la convertirán en una gran mujer (argumento repetitivo de mis padres ante cualquier amigo de la familia afín de sus pensamientos)

Y sí, desde primera hora esas diabólicas criaturas con trajes de Batman y crucifijo en pecho se encargaron de instruirme y hacerme entender que yo más que haber nacido mujer era una herramienta útil y necesaria para confortar a un hombre, que, por supuesto debía de ser siempre mi marido, porque eso del concubinato pecaminoso solo era para las serias aspirantes a concluir sus días en el calor del fuego del inframundo.

Mis compañeras de clase eran mojigatas por defecto, toda aquella que osase dudar o debatir sobre el sistema educativo que nos imponían las de las cabelleras tapadas eran expulsadas inmediatamente del centro, sin contemplación alguna... excepto, claro está, aquellas infantas hijas de padres adinerados que pagaban grandes cantidades de billetes de curso legal para el mantenimiento de la escuela y la expiación de los pecados de sus hijas, porque ya sabemos que un buen pecado se cura siempre con un buen billete de los más grandes en curso, y si encima vienen repetidos y son frecuentes tienen la gloria eterna asegurada.

En realidad, tuve mala suerte a la hora de hacer amigas en clase, por algún motivo tenía un imán especial para atraer a las compañías más rebeldes, eso hacía que cada niña que conocía a comienzos de curso solía ser expulsada o bien antes de terminar o bien no la matriculaban para el siguiente curso.

Micaela fue la única que aguantó a mi lado los dos últimos cursos, hicimos buenas migas, hablábamos en secreto de cuestiones íntimas que nadie se atrevía a contarnos y nosotras sacábamos nuestras propias conclusiones normalmente basadas siempre en cualquier película o revista de moda juvenil leída en cualquier descuido en la consulta de un dentista o la propia peluquería de turno.

En la época en la que nos conocimos teníamos un tema de conversación principal, recurrente y siempre presente ante nosotras, y no era otra cosa que la recién estrenada vida de mujer con la llegada de nuestra primera menstruación con tan sólo un mes de diferencia entre ambas, yo primero y 33 días después Micaela.

Capítulo 3

Poco o nada me explicó mi madre sobre la regla, eso sí, fiesta por todo lo alto en rigurosísimo secreto en casa con mis hermanos para celebrar que por lo visto ya me había convertido en mujer, fue una celebración con regalos incluidos y palabras de enhorabuena por mi nuevo ciclo vital.

Fueron evidentes los cambios físicos, algo nos habían explicado las monjas, todo ello era una preparación para que el día de mañana pudiéramos ser madres y ofrecer un cuerpo deseado para que el hombre nos pudiera fecundar, fin de la clase de anatomía y sexología, todo lo demás tuvimos que descubrirlo nosotras solas.

De los cambios hormonales y sus respectivos cambios de humor, así como de unas incipientes ganas de tocarnos la vulva para mitigar una nueva sensación nadie nos dijo nada, y claro, ponerse a descubrir por sí sola lo que ya sabíamos que era pecado mortal no era aconsejable, pues ya nos explicaron que el infierno no era lugar confortable.

Había oído hablar de la más turbación de pasada, y no estaba segura de lo que realmente se trataba, solo sabía que cualquier cosa relacionada con los órganos sexuales aparte de tabú y prohibido estaba destinado a ser guardado, entregado y descubierto por nuestros futuros señores, nuestros maridos.

Micaela me dijo el último año de curso que se había enrollado con un primo suyo que vino a pasar unos días en casa, me explicó eso de que además de juntar los labios había que sacar la lengua y jugar uno con la del otro y viceversa, no entendía nada, y al mismo tiempo que me daba asco sentía una intriga impresionante de como sería todo aquello que solo veía en algunas películas.

A partir de ese momento me dediqué a observar cada beso que el apuesto actor propinaba a la bella dama, me fijaba en todos los detalles, posición de las cabezas, el hueco entre nariz y nariz y sobre todo intentar ver si la lengua salía alguna vez en acción.

Comencé a pensar que Micaela me había engañado con eso de la lengua, ya que por mucho que me empeñase cualquier película que veía en casa y los actores y actrices se besaban no dejaban salir la lengua de sus bocas, y además seguía pensando en el asco que daría sentir la lengua de un hombre en mi boca, son todos unos cerdos, lo sabía por mis hermanos, las mujeres somos más elegantes.

En cualquier caso, el gusanillo de la curiosidad ya me había picado y comencé a tener deseos de ser besada en la boca, el problema era buscar candidato, ya que si las amistades femeninas eran pocas el mundo varonil era insistente para mí.

Fue Micaela la que me orientó en algo, mi respuesta positiva a su pregunta de que si tenía primos de mi edad sirvió para trazar un verdadero plan para la caza del besador furtivo, del miedo al pecado y al fuego eterno pasamos rápido al morbo de lo desconocido, estar a punto de cumplir 14 años y no haber besado a un chico era cosa de estrechas según mi amiga adelantada en la materia, solo había que escoger a la víctima o verdugo y rearmar un plan eficaz.

Para ello contemplamos varias posibilidades, mi primo Aurelio, el único de mi edad, feo, gordo y antipático, descartado, Fernando era un año mayor, me llevaba bien con él, pero demasiado casto para el placer, descartado, y el otro cuatro años mayor y descartado porque lo había visto solo en un par de ocasiones en mi vida.

El quedó descartado, por lo que había que utilizar un plan b, pero la b del plan hacía agua por todos lados, no conocíamos a varón con la suficiente confianza como para poder pedir que me estrenara en el libidinoso mundo del intercambio de saliva vía oral.

De nuevo Micaela y sus ideas, ella sí que solía tener planes en la recámara, el c, este plan podía salir adelante, y no era otra cosa que pedir prestado a su primo, el chaval era mono y sabía besar, podría ser un candidato perfecto, no habría compromiso ninguno y seguro que estaba dispuesto a cooperar.

Capítulo 4

El chasco fue deprimente, Miguel el primo de Micaela se negó a ser mi instructor para el ósculo, no podía creerlo, mi primera decepción amorosa y sin conocer si quiera al amante, me dejó tocada, pensé que mi vida estaría realmente en un convento en señando a coser y planchar a las nuevas novicias.

Micaela también se decepcionó y se sintió en parte culpable por el rechazo de su primo conmigo, incluso llegó a pedirme perdón, en cualquier caso, sabía que no era culpa suya y evidentemente dejé pasar la situación para no hacerle daño a ella y de paso a mi tampoco. Vale que no fue el típico desplante de un novio despechado ni un primer desamor, pero para mí fue el primer rechazo de un chico.

Fue Micaela de nuevo quien lo intentó con Oscar, uno de los escasos chicos que conocíamos de casualidad, se trataba de un huérfano que criaban las monjas en el mismo colegio donde estudiábamos y que prácticamente no dejaban que las niñas tuviéramos relación alguna con él, pero sí que por estadística lo encontramos alguna que otra vez entrando y saliendo del colegio, saludos cordiales y si nos entreteníamos algo más con él y nos veían las monjas nos quedábamos sin recreo.

Pero Micaela fue valiente, se decidió y habló con el chico. Lo curioso de todo esto fue que Oscar con 17 años nunca había besado a una chica y Micaela no dudó un instante en instruir al chico para que me enseñase de una manera fidedigna de como se besa una boca ajena.

De nuevo mi amiga en acción, nos preparó una cita a escondidas y lejos de la vista de las monjas para que el chico me mostrase lo que había aprendido y de paso enseñarme y quitarme esa pequeña espinita que tenía clavada con el anterior.

Otro fracaso en mi haber, el encuentro llegó, Oscar y yo nos quedamos a solas, yo lo miré, él me miró y nos quedamos callados, inmóviles, sin saber que hacer, me decidí a dar un primer paso en una carretera que no estaba asfaltada, mi segundo rechazo se hizo realidad, ahora resulta que el bueno de Oscar se había enamorado de Micaela y no fue capaz de besarme.

Me desesperé, lloré, pataleé y juré que nunca volvería a intentarlo, el rechazo duele, Micaela intentaba animarme sin conseguirlo, el curso acababa y ambas sabíamos que no volveríamos al centro, además en verano ella se marchaba con sus padres a Portugal de donde eran oriundos, en definitiva, que estábamos a pocas semanas de que las dos amigas nos diéramos el ultimo abrazo ya que la situación futura no nos prometía un reencuentro fácil, y yo me quedaba sin profesora de "lengua".

- 	Micaela, no sé que voy a hacer sin ti, tú eres la única amiga que tengo

- Tranquila Marina, seguro que nos encontraremos, y seguro que cuando lo hagamos ya tendrás novio
- No sé qué decirte, ¿Quién va a querer estar con una mojigata que no sabe besar?
- Por eso no te preocupes, que lo arreglamos rápidamente

Capítulo 5

No podía fallar, los famosos planes de Micaela, su largo repertorio de soluciones inminentes, a, b, c, d, y así hasta el infinito. No podía marcharse y dejarme en la estacada, no lo consintió, y mi amiga perpetró su nuevo plan.

- No te preocupes Marina, lo cuando conozca a un chico sabrás de sobra lo que tienes que hacer
- No sé Micaela, tengo dudas y miedo, seguro que haré el ridículo, ningún chico querrá estar con una mujer que no sepa besar

Micaela lo tuvo más que claro, si no había tiempo para buscar chicos y yo necesitaba de un aprendizaje de emergencia pues había que tomar medidas de emergencias.

- Te explico Marina, lo único que tienes que hacer es dejarte llevar por donde te diga el chico, tú haz lo mismo
- Claro, para ti es muy fácil decirlo, como ya te han besado…
- Bueno, si lo que quieres es una clase práctica te la puedo dar yo misma

En este punto nos quedamos en silencio, no le di más importancia de la que tenía, es más incluso llegué a sentir algo de alivio, pues quien mejor que mi amiga para enseñarme algo que me valdría para el resto de mi vida y que me podría dar la posibilidad de elegir candidato si sabía actuar.

Estábamos en mi casa, las dos sola, mis padres habían salido a no sé que clase de gestión que tenían que ver seguramente con algún asunto relacionado con la parroquia, ahora mismo no recuerdo qué, pero algo de la iglesia sí que era, en definitiva, que Micaela y yo estábamos una calurosa tarde de mediados de junio en la soledad de mi alcoba.

Con mi consentimiento dado y la responsabilidad de la instructora aprobado fue Micaela la que me pidió que cerrase los ojos y me dejara llevar por lo que iba a hacer, y que si no entendía algo que preguntase después.

Con los ojos cerrados comencé a sentir primero como el aliento de mi amiga rebotaba en mi nariz, me impregnaba de su olor y comencé a sentir esa humedad que transmiten unos labios seguramente lubricados con saliva antes de intentar enfrentarse a unos semejantes ansiosos de dar la bienvenida.

Comencé a sentir primero el roce, la caricia y el tacto resbaloso de sus labios jugueteando con los míos, muy despacio, casi sin hacer ruido, casi pidiendo perdón, yo me dejaba y comencé a sentir la extraña sensación de que aquello comenzaba a gustarme, la certeza de que aquello era bueno.

Los labios de Micaela eran carnosos al igual que los míos, por lo que había suficiente carne como para pasar un buen rato para confrontar ambas carnes y acariciar desde la comisura hasta la totalidad de la entrada de la boca que aún permanecía cerrada.

La humedad y el calor en mis labios aumentaron cuando comencé a comprender que lo que ya rozaban mis labios no eran los suyos, sino, su lengua, y lo que en un principio pensé en la repugnancia se convirtió en un cosquilleo que bajaba de mi boca, pasaba por mi garganta, me hacía cosquillas en el estómago y se quedaba en mi bajo vientre en una nueva sensación nueva para mí pero que en cualquier caso me gustaba.

Como alumna me dejaba llevar sin decir nada a la presión que comencé a sentir en mi boca cuando Micaela intentaba atravesar mis labios con su lengua, por un momento pensé en parar y llegué incluso a dudar si se estaría riendo de mí, pero cuando comencé a seguirle el juego con el órgano empapado comprendí que eso también formaba parte del aprendizaje, ahí fue el momento en el que decidí que me tenían que besar todos los días, pero no nos adelantemos que la clase no había terminado.

Ambas estábamos sentadas en un lateral de mi cama mientras ella me enseñaba a besar, la clase se alargaba y eso me gustaba, nuestras lenguas no querían parar de jugar y nuestras bocas y barbilla resbalaban cada vez más con nuestras salivas, el cosquilleo en mi estómago había subido en intensidad, lo que comencé a sentir entre las piernas me asustaba al mismo tiempo que no quería dejar de sentir esa sensación novedosa que apareció por primera vez en mi vida en esa alcoba junto a Micaela, ella me comenzó a acariciar los pechos.

Capítulo 6

Por mi mente pasaban todo tipo de elucubraciones, ¿me tenían que tocar las tetas para besarme, formaba parte del aprendizaje, se estaría confundiendo Micaela?, no quería realizar la pregunta por miedo a un posible no, su mano derecha intentando entrar por la tela de mis bragas fue lo que me hizo reaccionar y ponerme en tensión, pero Micaela se me adelantó al formulario de preguntas.

-       ¿te has masturbado alguna vez, Marina?

- Pero ¿Qué dices?
- Que si te has hecho alguna paja
- No seas bruta Micaela
- Confía en mí Marina, déjate llevar

Y tanto que me dejé llevar, mi amiga terminó de meter la totalidad de su mano debajo de la tela de mis bragas y comencé a sentir como en medio de ese bosque de pelos rizados la yema de los dedos de mi amiga se inmiscuía como cual hada de la noche en esa penumbra y rociaba con mis fluidos lo vellos que se encontraban alrededor de la apertura carnosa.

Entre fluidos, caricias, jadeos , gemidos ahogados con nuestras bocas selladas y unidas a través de nuestras lenguas comencé a sentir eso que se siente y que solo la mujer que ha experimentado un orgasmo es capaz de entender, mi cuerpo iba a explotar, explotó de placer, la lujuria se apoderó de mí y tuve que desahogar el gozo del orgasmo con un grito que aunque ahogado fue sonoro y continuo mostrando el placer que me había proporcionado mi amiga, mi primera masturbación.

Después del gozo, la vergüenza, el pudor, el miedo al pecado, la necesidad de penitencia, el no saber que postura poner, el no saber que decir, la incertidumbre de si había hecho algo mal o si había acertado.

Pero el gozo fue real, la pasión estuco ahí, el desahogo ocurrió, Micaela no solo me besó, sino, que además me masturbó y me hizo subir al cielo, y si estáis esperando una respuesta positiva es así, me gustó, disfruté y nada más acabar y con el sentimiento aún de vergüenza lo primero que pené era en cuándo podríamos repetir.

La inminente aparición de mis padres abriendo la puerta de la habitación y encontrándonos a las dos juntas sudorosas y abrazadas, aunque con el orgasmo ya realizado dejó a mis padres de una pieza.

Nunca hicieron mención de lo que no llegaron a ver, pero intuyeron, nunca se hizo referencia a aquel encuentro en mi casa, nadie me preguntó el por qué estábamos abrazadas y sudando, felices y mojadas, no hubo castigo por el mero hecho de no querer saber lo que allí ocurrió, pero sí que hubo consecuencias, hubo penitencia.

Esa lujuriosa y libidinosa tarde de mediados de junio de 1995 fue la última vez que vi a Micaela, los últimos exámenes del trimestre no llegué a hacerlos, los pocos días que quedaban para la conclusión del curso escolar no llegué a realizarlos, mi vida giró, mi vida cambió para siempre.

Capítulo 7

Los siguientes años fueron más raros que aburridos, y no pienso entrar en la verborrea para describir lo insignificante del paso de los años, aunque evidentemente sí que hubo cambios.

Sin entrar mucho en detalle diré que mi vida comenzó a transcurrir en casa planchando, fregando y cosiendo para beneficio de mi madre y tranquilidad de mi padre, mi hermano Pedro no decía nada y Jorge era el único que alentaba a mis padres para que me dejasen salir a la calle.

Lo consiguió cuando no presentó a su última novia, que se convertiría en su esposa y mi amiga, Susana, fue ella la que me presentó a Daniel, mi marido, un hombre bueno, pazguato y trabajador que se supone me tenía que mantener mientras yo le lavaba sus calzoncillos.

El paso del tiempo nos convirtió a todos en una familia católica tradicional, mi hermano y Susana con tres hijo y Daniel y yo con cuatro, el último parto con gemelos.

Una vida bien, economías saneadas que nos permitía tener casa, comida, buen coche y todo excesivo de la sociedad consumista en la que vivíamos, nada de especial, nada de raro, nada de extravagante...y sí, claro que me acordaba de Micaela.

Pero mi amiga ya había pasado a la historia, no supe nada de ella ni tenía posibilidades de llegar a saber de su paradero, y como nunca estuve puesta en temas de redes sociales pues tampoco nunca supe si ella intentó al menos buscarme.

Pero mi mente sabía lo que quería, casarme con Daniel fue cosa de todos excepto mía, lo hice porque había que hacerlo, independientemente que fuese y es un hombre justo y bueno, marido y padre ejemplar, pero negado en temas amatorios.

Esto último casi lo agradezco, pues desde la primera vez que hicimos el amor si es que se puede llamar así encontré repulsión ante lo que practicábamos, para mí solo era el roce de dos cuerpos desnudos en el que uno gozaba y la otra se dejaba ser herramienta del placer, pero sin sentir absolutamente nada, nunca tuve un orgasmo con Daniel, y las relaciones sexuales eran vagas, alargadas en el tiempo y de una calidad penosa, un triste misionero de apenas un par de minutos para satisfacer la fuga desmedida de espermatozoides del miembro de mi marido, ese liquido viscoso siempre me dio mucho asco, por suerte para mí el sexo oral nunca tuvo cabida en nuestros encuentros.

Pero cualquier cuerpo sano necesita de un desahogo por placer, por lo que no dudaba en auto infringirme placer en los momentos de soledad en la ducha o incluso en cualquier noche de poca conciliación del sueño a espaldas de mi marido, mis primeros tocamientos siempre fueron teniendo en mente mi desaparecida amiga Micaela, posteriormente comencé a fantasear con actrices de cine, madres de compañeras de colegio de mis hijos y alguna vecina, pero por encima de todas esta apareció desde hacía tiempo la figura de Susana, mi cuñada, mis tardes o noche de pasión la tenían siempre como actriz principal en mis ratos de lujuria pecaminosa.

Capítulo 8

Como ya sabéis susana se convirtió en amiga más que en cuñada, vivíamos cerca y teníamos un trato muy frecuente, sobre todo cuando tuvimos a nuestros hijos.

La frecuencia con la que nos veíamos también era a la hora de ir de compras o hacer algún viaje familiar, pero eso alimentaba mi lujuria y me hacía arder en el fuego de la pasión cada vez que mi cuñada se desnudaba delante de mi para probarse un nuevo sujetador o un pantalón que le quedaba demasiado ajustado.

El piso de mi hermano era más grande que el mío, vivía en un ático y eso le proporcionaba la libertad que da tener una terraza al aire libre para barbacoas y cualquier acontecimiento familiar para juntarnos sin el agobio de tener cuatro paredes y un techo, por lo tanto, las frecuentes visitas eran más en su casa que en la mía.

Eso era un dato a tener en cuenta, cuando alguien está en casa intenta estar lo más cómodo posible, quiero decir, tenerlo todo a mano y con ropa ligera y cómoda que te hagan sentir suelta, sin opresión de ropa ajustada y ceñida como es el caso del sujetador.

Susana y yo somos mujeres que con el tiempo hemos ido ganando en corpulencia, sin llegar a decir que somos obesas sabemos que tenemos algún que otro kilo de más, la ropa cómoda y ligera a la que hice mención era normalmente una vieja camiseta ancha, raída, aunque siempre limpia que permitía dejar sus pechos al descubierto cada vez que se agachaba, y eso me gustaba.

Lo último que se me pasaría por la cabeza sería decirle a mi cuñada que me gustaba verla desnuda, o que me encantaría besarla o sentir el calor de sus pechos enfrentándose a los míos.

En realidad, todo esto era un castigo para mí, cierto que un castigo placentero, pero castigo al fin y al cabo ya que la confianza que nos depositábamos la una a la otra hacía que por algún que otro motivo teníamos que vernos desnuda alguna que otra vez al menos cada tres o cuatro meses, además de lo que me podía enseñar o insinuar en las infinitas visitas a su casa.

También hemos llegado a dormir juntas en la misma cama, en algún viaje rural, ocasión en la que aprovechaba para masturbarme junto al calor de su cuerpo pensando que era su mano la que me propinaba el placer en lugar de la mía.

Tardes de piscinas, duchas conjuntas viendo como se enjabonaba, flujos que resbalaban entre mis piernas mientras la veía aplicarse el aceite corporal haciendo relucir sus pechos, sus glúteos.

Risas, caricias y besos robados en cualquier celebración intentado robar centímetros de la comisura de sus labios, haciéndome soñar que era real el ósculo labial y no un hurto placentero para almacenar lujuria en mis pensamientos para masturbarme después pensando el ella.

Capítulo 9

En el verano de 2017 decidimos apuntar a nuestros hijos en un campamento, la muerte de mi padre hacía un par de años nos había sorprendido a todos en un invierno frío, con más de un achaque desde hacía años la sorpresa no vino por el fallecimiento en sí, que, aunque esperado no dejaba de ser triste, la sorpresa fue cuando mi madre decidió repartirnos en vida la herencia que mi padre había acumulado durante años para repartir a sus hijos cuando este muriese.

Mi madre nos dijo que nunca estuvo de acuerdo con él, ya que la cantidad atesorada o ahorrada en ese tiempo con ventas de inmuebles y negocios que desconocíamos era de unos números totalmente fantasiosos para nosotros, mi madre siempre quiso que ese dinero lo tuviésemos desde hace tiempo para poderlo disfrutar con ellos y nuestros hijos, pero mi padre siempre fue así de cabezota.

El caso es que de la noche a la mañana nos convertimos no en gente rica, pero sí en familias con poder económico muy acomodadas, por lo que en este año en cuestión hicimos realidad el sueño del carísimo campamento de verano para nuestros hijos y sobrinos y el pasar casi un mes en un balneario cercano al campamento mi hermano Jorge, Susana, Daniel y yo, julio de 2017.

Al cuarto o quinto día de estancia en el balneario teníamos ya establecida una rutina de confort que lejos del ruido cotidiano de los niños y los continuos masajes orientales con esa musiquilla de fondo que curiosamente era celta y no asiática como pensaban algunos comenzamos a pensar que quizá habíamos muerto y eso era el cielo, como cristiana y católica me reía del propio pecado de mis pensamientos, pero puestos a pecar pequemos del todo, sigamos convirtiendo el pecado en placer.

La sala de masajes sería como el paraíso de ese supuesto cielo, divididas en compartimento, hombres por un lado mujeres por otro, lo que yo veía allí era el regalo perfecto para mis ojos, para mis pecaminosos pensamientos, mujeres desnudas y untadas en aceite para deleite de mi imaginación, otras tantas musas practicando masajes en esos oleosos cuerpos para el pecado, mi cuñada a mi lado, cuando se levantaba de la camilla su cuerpo brillaba, casi me podía ver reflejada en esos enormes pechos custodiados por esos grandes y rugosos pezones rosados que de buena gana me metería en la boca de una sola vez hasta atragantarme.

Que fuese una mujer la que me practicase el masaje me llevaba al borde del orgasmo, tenía que intentar mantener mi mente despierta para evitar el jadeo de la falta de aire que supone el placer inducido con esas finas y expertas manos de chicas adiestradas para la mitigación del dolor corporal.

El momento cómico de la situación vino cuando una de las chicas orientales nos propuso hacernos un masaje con sus pies, pero de tal manera que lo que hacía no era otra cosa que andar en equilibrio encima de nuestras espalada, eso llamaba la atención de todas las que estábamos allí en la sala, que en posición de sentadas y untadas en la camilla y a teta suelta nos reíamos con la enjuta chinita que parecía perderse en las infladas carnes de mi cuñada, el momento cumbre de la comedia llegó cuando hizo el gesto de perder el equilibrio para caerse y yo tan mojigata me levanté para ayudarla y fui yo la que terminé cayendo encima de mi cuñada.

Capítulo 10

Fue un acto reflejo, al ver casi caer a la oriental me levanté como un resorte para su auxilio, pero al ser ella más ágil que yo pegó un brinco y cayó de pie en el suelo, yo perdí referencia alguna para apoyar mis manos cuando la chinita desapareció y fui a caer encima de mi cuñada, la cual al notar mi cuerpo caer encima del suyo intentó girarse para evitar la sacudida del golpe, inevitable el contacto e imposible el manejo de nuestros cuerpos impregnados en aceite, terminamos las dos en el suelo, una encima de la otra, con nuestros senos oprimiéndose entre ellos.

Puede que fuese la relajación mental del momento, puede que estuviera ya la predisposición al placer de mi cuñada, era un ambiente alegre y con algarabía, pero el caso fue que cuando me vi encima de mi cuñada, muerta de risa, sin poder moverse, y con nuestros cuerpos pegados llegué a tener un orgasmo, sí, en esos pocos segundos que duró la acción mi cuerpo fue capaz de elucubrar y entender que pocas ocasiones más me iba a deparar la vida para disfrutar del desnudo roce del cuerpo de mi cuñada para perder la ocasión de tener un inminente orgasmo rodeada de tanta musa cariñosa.

Quise besarla allí mismo, y en realidad lo hice, porque entre tanta risa y situación cómica aproveché para simular que le mordía la nariz, el cuello o la propia boca si se dejaba, pero todo dentro de un juego virtual que ella misma me dejó hacer, gozo y placer para mí, juego y risas para mi cuñada.

Entre todas nos ayudaron a levantarnos y seguimos un rato más con las risas cuando la seguridad que no nos habíamos hecho daño era patente, no me hubiese importado haber muerto en aquel mismo instante, tan pequeño, tan fugaz, tan efímero, pero tan libidinoso como placentero.

Después, recuperada la calma y la compostura nos colocamos el albornoz y nos fuimos a la terraza a tomar cervezas con Daniel y Jorge que como de costumbre ya tenían sitio asignado al lado del barril de la rubia que sale fresquita a través del grifo.

Todo esto se convirtió en rutina protocolaria para el resto de los días de estancia, placer más placer, relax tras relax, ungüento tras ungüento, y coctel y cerveza para todos, mucha comida y poco ejercicio, la ropa que llevábamos ya se había quedado pequeña a las dos semanas de estar allí.

La habitación de mi hermano y mi cuñada estaba contigua a la nuestra en un pasillo enmoquetado y adornado con aires medievales, eran unas habitaciones grandes con camas enormes y cómodas, sabanas de un blanco inmaculado que cambiaban todas las mañanas, ventanas que daban a una especie de bosque encantado que nos regalaba armoniosos sonidos de toda especie de fauna aviar, las habitaciones disponían de un gran televisor con todos los canales vía satélite que pudieras imaginar, minibar, de pago y caro, como no podía ser de otra manera, sofá, dos sillones, un par de sillas al lado de una mesita con un espejo y repleta de toda clase de rutas de senderismo que obviamos desde el primer día, y como colofón la cabina de hidromasaje que nos ofrecía el baño.

Todas las noches era amenizadas con orquesta en directo y actuaciones variadas, desde cómicos monologuistas hasta tenores consagrados que hacían las delicias de los más conservadores del lugar, precisamente fue el día de ese tenor cuando Susana ingirió más alcohol de la cuenta.

Capítulo 11

El día del tenor descubrimos varias cosas que no sabíamos los unos de los otros, podrían ser cosas triviales sin importancia, de hecho, no la tenían ni la tuvieron, pero ahí estaban, por mucho que crees conocer a una persona siempre hay algo que sorprende.

Daniel y yo escuchábamos la música que ponían en la radio, nunca habíamos hablado de temas musicales, cierto es que sabía de su tendencia a grupos de la movida madrileña pero poco más, de mi hermano poco sabía, porque en casa cualquier música que se escuchase tenía que ver con el bueno del Perales, dúo dinámico o el propio Julio Iglesias pasando por Camilo Sesto, los gustos de Susana eran desconocidos para mí.

Ese día descubrimos que tanto Daniel como mi hermano Jorge eran apasionados de la ópera, nunca lo hubiese adivinado, por lo que se dieron prisa ese día para coger un buen sitio en la terraza, a Susana y a mí nos horrorizaba el tener que pasar al menos dos horas escuchando semejante estruendo para nuestros oídos, con todo el respeto para las orejas que tienen el gusto de escuchar semejantes alaridos, perdón de nuevo.

Una de las alternativas a la noche de ocio del espectáculo en directo era el ritual del spa, y descubrimos el jacuzzi que había en la parte superior del edificio el cual podías pasar todas las horas que quisieras en remojo con un camarero atento que nos sirviese lo que deseáramos.

Eso hicimos mi cuñada y yo, subir a la azotea y meternos en el jacuzzi, donde descubrimos que éramos los únicos huéspedes del balneario a las que no les gustaba la ópera, el camarero nos ofreció champagne, nosotras accedimos encantadas, estaba bueno, no sabíamos que nos gustase tanto, al menos no para repetir en tan contadas ocasiones.

Aunque en honor a la verdad y para la comprensión de lo acontecido después he de decir que mientras la copa de Susana fue rellanada en al menos siete u ocho ocasiones la mía lo fue justo en la mitad, y esa mitad fue a parar al agua burbujeante donde se relajaban nuestros cuerpos, de tal manera que cuando llevábamos una hora en el jacuzzi mi cuñada tenía ya una borrachera del quince, le entraron ganas de vomitar y la tuve que sacar de allí para evitar el bochornoso espectáculo, justo cuando salíamos de la terraza comenzaba a cantar el tenor, teníamos como dos horas y media por delante para intentar quitar la borrachera a mi cuñada sin que mi hermano sospechase nada.

El camarero me tuvo que ayudar a sacar a Susana del agua, el mismo nos dijo que se estaba dando cuenta de que estábamos bebiendo demasiado, pero que no nos quiso decir nada por prudencia, no quiso aceptar los 50 euros de propina por su silencio, nos dijo que en su profesión eso ya entraba en su sueldo, finalmente los aceptó y me ayudó a llevarla casi a horcajadas hasta la habitación, me aconsejó que le diera una ducha fría.

Capítulo 12

Susana solo se dejaba llevar, no tenía nivel de consciencia suficiente para ser autónoma en sus movimientos más esenciales, por lo que no me quedó más remedio que desnudarla, aunque eso solo consistía en quitarle el albornoz y el bikini, ambas prendas tuvieron que ser lavadas al día siguiente para quitar todo el vómito que le había causado la ingesta desmedida del champagne.

En cualquier caso acabó en la ducha, en la cabina de hidromasaje, en su habitación, y como no era bañera, sino, plato de ducha lo que había allí, pues no me quedó más remedio que entrar con ella para lavarla y que no se cayese al suelo y no me terminase yo en suelo tampoco, cierto es que pude haber entrado en la cabina de hidromasaje con el bikini puesto incluso ella también, pero lo hecho, hecho estaba y allí estábamos las dos, desnudas bajo la ducha, yo con el puntito que da de más la pequeña ingesta del champagne y ella con su gran borrachera sin creo saber que estuviese allí desnuda conmigo.

Me excité enseguida, más aún cuando comenzó a resbalar el agua por nuestros cuerpos, la coloqué delante de mí de cara a la pared para que apoyase sus manos y no cayese, su espalda y sus nalgas desnudas me comenzaron a arder en deseo, como no mantenía el equilibrio la tuve que abrazar desde atrás para evitar la caída, nuestros cuerpos resbalaban y mis senos reposaban en su espalada, mis manos rodeándola desde atrás querían acariciar sus pechos, su sexo, comencé a hacerlo de manera disimulada.

Quizá en un acto reflejo fue susana la que logró alcanzar un bote de gel y casi derramarlo por completo en su cuerpo, le reñí, se rio y le tuve que dar la vuelta para sostenerla, el jabón resbalaba y tuve que presionar mi cuerpo ya de frente con el suyo para no caer al suelo las dos, yo me excitaba por segundos.

Nuestro cuerpo era uno, abrazados por la necesidad de mantener el equilibrio para no caer, mi cabeza comenzó a reposar en su cuello, mi lengua disimulaba con la templanza del agua para acariciar su piel, por momentos y para cambiar de postura cambiaba de lado del cuello, parándome en su boca y pasando mi lengua por sus labios, intentado que no se diera cuenta de nada y con la excusa ya preparada de que yo también estaba borracha si era que se diese cuenta de mis pecaminosa intención.

Susana no se terminaba de espabilar y el agua seguía cayendo y mojando nuestros cuerpos con la espuma del jabón casi disipándose, ahora fui yo la encargada de aplicar el gel para permitir más sensación de roce y placer, sin que ella pudiera intuirlo me dispuse de tal manera que coloqué mi sexo sobre su muslo y comencé a realizar unos movimientos lentos pero pocos pausados con los que comencé a masturbarme sin que ella lo supiese.

Mis uñas acabaron clavadas en sus nalgas cuando conseguí llegar al cenit, ella gritó y se quejó y yo grité y me relajé, en ese momento pensé que se acababa de dar cuenta de la situación, pero no me dijo nada si fue así, parecía que el momento del orgasmo con mi clavada de uñas en su carnoso culo coincidió con el momento que mi cuñada comenzó a despertar de su hibernación etílica.

Le dolía la cabeza, y me pidió que la dejase sola para poder dormir, me pidió perdón por si me había dado la noche, ya que según ella no se acordaba de nada, no me dijo nada más, ni ese día ni ningún otro más de los siguientes, después de aquello seguimos sin yo saber si aquello fue consentido por ella o no, en cualquier caso sirvió para alimentar mi ya libidinoso pensamiento con respecto a mi cuñada.

DULCE Y FERNANDO

capítulo 1

Nunca lo olvidaré, 5 de junio de 1998, acaba de cumplir 24 años, trabajaba en Zaragoza en una conocida fábrica de electrodomésticos, allí conocí a Emilia, dos años mayor que yo, ambos habíamos sufrido una decepción amorosa, no fue un flechazo, nos enamoramos en el transcurso de muchas tardes de conversación y compasión el uno con el otro por nuestros desplantes, cuando nos quisimos dar cuenta llevábamos ya un año de idilio amoroso entre las sábanas de la cama de un piso que estaba destinado a ser compartido con Lucía, la chica que me dijo que se había dado cuenta que era demasiado joven para formar una familia y que se dedicaba a calentar esas mismas sábanas con la práctica totalidad de mis amigos.

Emilia era una mujer madura y con las ideas muy claras, desde un principio tuvo claro que los nuestro podría salir bien adelante, fue lo suficientemente madura para esperar ese primer año de idilio casi juvenil para estar segura que nuestros anteriores amantes eran ya agua pasada y no moverían molino, ese día en cuestión quedamos en su casa para hacer la presentación oficial y pasar a ser el novio oficial de la buena de Emilia.

En la mesa ovalada del salón me esperaban sentados en la mesa cuatro personas que se levantaron y me dieron la bienvenida al unísono.

Se accedía a la vivienda por un porche, una puerta interior facilitaba la entrada de la casa adosada, una vez dentro un pequeño pasillo, escaleras a la izquierda y puerta grande de corredera en formato de dos hojas a la derecha, intuí que eran puertas acristaladas, el salón era grande, de frente me encontré la mesa, con los cuatros inquilinos asentados y puestos de pie como un muelle de una caja de sorpresa cuando entramos Emilia y yo.

La mesa estaba presidida por Genaro en el lateral izquierdo, mi futuro suegro, vestido de militar con una solapa presidida por tres estrellas de ocho puntas cada una ¡todo un coronel del ejército de tierra!, Emilia me dijo que su padre era militar, pero nunca me dijo su rango, y mucho menos que presidiría la mesa vestido con su uniforme de gala, en cualquier caso todo un detalle, pero que me infundió más respeto aún del que en realidad sí que le tendría aunque fuese fontanero.

En el lateral derecho Carmen, la suegra guapa y joven, a pesar de sus pocos más de cincuenta años pasaría perfectamente por una señora de cuarenta y pocos, vestida de manera muy elegante y maquillaje escaso, pero de buen gusto.

En el mismo lateral se sentaban Miguel, un chaval de diecisiete años, con gafas y cara de empollón, muy educado y cortés en el trato, con varios kilos de más y algunos granos en su cara, Dulce nombre de María, así se llama la hermana de Emilia, ese día en cuestión recién estrenaba veinte años de edad, guapísima, mucho más que Emilia, morena a media melena, pecho grandes e insinuantes con gran escote, cuando se levantó adiviné sus más de ciento setenta centímetros de altura, y no llevaba zapatos de estos con plataforma, muy educada también, simpática y dicharachera, fue la que más habló en la mesa.

Capítulo 2

Un menú con entrantes a base de buen jamón, mejor queso, vino tinto de reserva de una de las mejores bodegas reconocidas mundialmente con denominación de origen en la Rioja, ensalada mediterránea y lomo a la mostaza para el plato principal, todo exquisito y servido por María Eugenia, una señora con acento sudamericano que obedecía sumisa pero siempre risueña las peticiones de sus "señoritos".

Ocurrió en el patio, después le gran interrogatorio al que fui expuesto por todos los comensales, siempre pasando por el ineficaz filtro de Emilia, que muy a su pesar no hacían caso a sus rogativas de que cesarán de hacer preguntas tipo, ¿has tenido muchas novias?, ¿de qué religión eres? O esa tan incómoda de ¿te vas a casar con mi hermana pronto?, salí bien del paso, hasta que llegué al patio después del postre y me quedé a solas con el coronel.

En el patio había un gran congelador, el coronel se quedó mirando el electrodoméstico fabricado en la misma fábrica donde yo trabajaba y a continuación se echó mano a su cartuchera donde enfundada una pistola, o un revolver mejor dicho, dejó de mirar al aparato y fijó su vista en mí, sin soltar la mano del revolver enfundado.

- Mis hijos son la cosa más grande que tengo en la vida, si alguien les hace daño yo le hago daño a quien se atreva a causarles dolor, este congelador es bueno, está bien sellado, un cuerpo cortado en rodajas se conservaría perfectamente, no daría olor, en cuestión de un mes sacando el cuerpo a cachitos sería capaz de deshacerme de un cuerpo y esturrearlo por toda la geografía nacional sin levantar sospechas.

Me quedé petrificado, inmóvil, incapaz de articular palabra, no sabía si salir corriendo y llamar a la policía o quedarme allí y llamar a un notario donde firmase que jamás le haría daño a su hija.

El coronel que seguía fijo mirándome se dio la vuelta y se dispuso a abrir el congelador, yo temblaba, pero el militar cambió su gesto de demente y comenzó a reírse desesperadamente, no sé qué me dio más miedo, lo que me acababa de decir o esa improvisada risa.

- Jajaja, vaya cara que has puesto, no te asustes muchacho, solo quería enseñarte esto, mi hija me ha dicho que trabajas como técnico en la misma fábrica que ella, a ver si tú eres capaz de saber por qué no se le enciende esta luz

Muchas veces hemos repetido la anécdota de aquel día donde terminé haciéndome pis en los pantalones, todos los miembros de la familia riñeron al coronel por su macabra broma, incluida la buena de María Eugenia, curiosamente fui el único que lo defendí, ese día encontré una nueva familia a la que querer y a la que tenía que dejar querer también.

Capítulo 3

Hubo boda siete años después, en todo este tiempo me gané la confianza de toda la familia, era uno más, podía entrar y salir de su casa con la confianza que tenía en la mía propia donde vivía con mis padres y hermanos, éramos una familia bien, todos se llevaban bien con todos y eran frecuentes la barbacoas con la totalidad de todos los miembros de mi familia con los de la de Emilia, incluidas alguna amiga de mis hermanos o de los de los hermanos de mi prometida.

Me llevaba especialmente bien con Dulce, era simpática y besucona, también eran habituales los abrazos y arrumacos por parte de la hermana menor, pero ese comportamiento con mi cuñada producía en mí un efecto con el que luchaba día tras día, porque, donde ella buscaba el roce fraternal mi cuerpo respondía excitado cuando oprimía mi pecho con sus grandes senos.

Sí, mi cuñada me ponía cachondo desde el primer día que la conocí, no podía cambiar eso, y por más que mi cabeza intentase comprender que debería de verla como a una hermana era mi lado demoníaco el que entraba en conflicto y explicaba que yo nunca tuve hermanas y no conocía el lado fraternal del roce de la carne.

Como nuestra relación estaba basada en la unidad de la familia pues eran muy frecuentes los encuentros con mi cuñada en casa, lejos ya del protocolario día de bienvenida cuando me recibieron por primera vez ahora ya se acomodaban con ropas sueltas y cómodas para estar en casa, lo que hacía que mi cuñada la mitad de las ocasiones me recibiese casi en ropa interior o con una de esas camisas abotonadas con la ausencia de la primera, en cualquier caso, imposible ocultar sus curvas.

Eran frecuentes mis sueños eróticos con ella, e incluso hacer el amor con Emilia pensando en su hermana, eso no estaba bien y yo lo sabía, pero en cuestiones de fantasías todo quedaba dentro de la sucia mente del fantaseador por lo que en ausencia de pruebas todo marchaba según los planes establecidos en amatoria a mi esposa.

Pero Dulce no me lo ponía fácil, sus besos robados casi rozando mis labios, o sus bromas animales dándome bocados como loba en celo en cualquier parte de mi cuerpo para comenzar cualquier clase de juego era interpretado en mi cerebro como un cortejo real, un coqueteo cierto de una hembra en busca de la carne de su macho, y eso me excitaba, y Val excitarme me provocaba erecciones y las erecciones son difíciles de esconder al igual que las curvas de mi cuñada, por lo que en alguna que otra ocasión tuve que salir huyendo al cuarto de baño, y evidentemente mi cuñada estaba lejos de ser una niña, sabía lo que pasaba, pero ¿lo hacía adrede?

La única forma de averiguarlo era peligrosa y yo no me iba a poner a investigarlo, por lo que dejaba pasar el tiempo y mis calentones eran cada día más frecuentes.

Capítulo 4

Cómo no podría ser de otra manera el día de la boda íbamos todos guapísimos, elegantes y con sonrisas sinceras en los labios, era nuestro día, el sí quiero de Fernando y Emilia, el sí quiero a una nueva etapa de nuestras vidas, yo lo estaba deseando, porque independientemente de que mi cuñada me pusiera cachondo era de Emilia de quien estaba enamorado.

Mi esposa estaba espectacular el día de nuestra boda, un vestido blanco inmaculado con gran escote y velo corto, diadema floreada en su cabello recogido en un alto moño, preciosa y yo orgulloso de tomarla como esposa ese día.

El enlace tuvo lugar una calurosa tarde en una iglesia de Zaragoza, una de las más pequeñas, la elegimos porque Emilia soñó una vez que se casaba allí conmigo, y como el sueño no acababa mal tomó la iniciativa a la que yo acepté encantado.

Mi suegro acudió con su traje de gala, todos estaban como se dice para una foto, pero si allí había alguien que llamase la atención además de la novia era mi cuñada Dulce, con un vestido espectacular de varios colores en tonos pasteles, largo hasta los tobillos pero con una apertura que nacía a la altura de las mismas caderas, dejando al aire sus muslos al igual que su espalda, pues el vestido era anudado a su cuello dejando la parte de atrás desnuda, si te acercabas a ella casi podías ver el nacimiento de la raja que divide sus nalgas en dos, la parte delantera estaba casi dividida en dos también, de modo que en forma de gran escote la tela se dividía desde su ombligo para dejar al descubierto su parte central y con la parte esencial de tela para cubrir sus senos, los cuales sin ropa interior que los sujetase intentaban escaparse por el lateral de la prenda.

El banquete lo hicimos en un salón de celebraciones en la orilla del río, contaba con un amplio jardín al servicio de los comensales, servicio de barra libre para después de la cena, pero no corramos, porque el al banquete fue abierto con el habitual baile que abrían los novios, después de la cena y antes de la barra libre otro baile para que los novios acabásemos bailando un ratito con casi todos.

En ese casi todos se incluía también a mi cuñada Dulce, no sabía ni por donde agarrarla para evitar ya sabéis qué, pero por pura casualidad, destino o vete tú a saber que demonios pasó, en ese momento del comienzo de baile comenzó a sonar en el salón el "bailar pegados" de Sergio Dalma, motivo suficiente para emular con nuestros cuerpos el título y letra de la canción, mi cuñada pegó su cabeza en mi cuello y le susurré

- Estás preciosa Dulce, diría que casi más guapa que la novia
- Calla idiota y abrázame, no me digas esas cosas que te beso aquí mismo, ahora mismo me muero de envidia por mi hermana, es una tía con suerte, y tú eres el mejor tío que he conocido jamás, ojalá alguna vez encuentre a alguien como tú

Vaya momento eligió para soltar todo aquello, es cierto que ella llevaba ya alguna que otra copa de más y ya sabemos de los efectos que produce el alcohol en la lengua, yo también tenía ganas de besarla, y eso que no había bebido tanto como ella.

Cuando comenzó la barra libre se habían marchado ya la mitad de los comensales, incluidos mis padres, hermanos, suegros y todo aquel que o bien tuviese que coger el coche o no estuviese capacitado para más ingesta etílica, por lo que nos quedamos los más jóvenes de la estancia, sí, Dulce también se quedó.

El grosor de los pocos que nos quedamos se arremolinaba entre la barra donde servían la bebida y la pista de baile, que a esas horas hacia rato que habían dejado atrás temas como "Paquito el chocolatero" o la propia "bamba", música actual de discoteca era lo que sonaba, pero no a mucho volumen.

Emilia hablaba, lloraba, hablaba y volvía a llorar con sus amigas de toda la vida, eran lágrimas de emoción, de alegría según me decía, yo alternaba con unos y con otros evitando siempre el pasar por la pista de baile y sobre todo el no consumir mucho alcohol, porque, aunque cansados, sin ganas y hartos ya de hacer el amor entre Emilia y yo esa noche de bodas había que cumplir como mandan los buenos cánones de la tradición nupcial.

Salí un rato al jardín, la noche estaba serena y junto a la orilla del Ebro la temperatura era la ideal para contemplar apacible el firmamento, mirar las estrellas e incluso pedir algún que otro deseo a una estrella fugaz, nunca subestiméis el poder místico de las que pasan rozando la atmósfera.

Estaba sentado solo en uno de los bancos del jardín, allí fuera no había nadie más, a través de translúcidas cortinas detrás de inmensos ventanales se distinguían las siluetas de los bailarines a pie de pista, la puerta que daba acceso al jardín se abrió, Dulce asomó su cabeza como periscopio submarino en busca de...

Me encontró, se sentó a mi lado, guardó silencio y apoyó su cabeza en mi hombro, no nos dijimos nada, nos pusimos a seguir contemplando el firmamento, ella me cogió mi mano derecha con sus dos manos y la agarró fuerte.

Noté como separó un poco la cabeza de mi hombro, lo justo para darme un casto beso en la mejilla, sonrió, sonreí y volvió a apoyar su cabeza en mi hombro, estaba feliz, sin saber ni siquiera el por qué fui yo el que se incorporó para devolver el beso ahora en su mejilla, pero ella apretó fuerte mi mano, con un ligero movimiento de cuello nuestros labios estaban enfrentados.

Comenzó siendo un pequeño roce casi sin querer entre nuestras bocas, como algo accidental, pero ninguno de los dos se atrevió a dar el paso al retroceso, solo nos dedicamos a rozar los labios sin prisas y como si una estrella mística hubiese congelado el tiempo en ese instante.

Juntamos nuestras lenguas dentro de nuestras bocas para que jugasen, ella sabía a coctel de varios licores, era un sabor fresco y agradable, un beso largo, infinito, solo juntando nuestras bocas y con una mirada expiatoria a la puerta del salón por si salía algún intruso dispuesto a romper el momento de la futura culpa.

Dulce dejó de apretar mis manos dejándomelas libres para el juego, y el juego fue el de comenzar a masajear uno de sus senos, mi cuñada se dejaba hacer al igual que yo estaba prestado solo para ella.

De no haber aparecido el primo Simón no sé cómo hubiese acabado la noche en aquel banco del pecado, después de aquello no tuvimos más ocasión de encontrarnos solos, la fiesta acabó y nos fuimos cada uno a nuestra casa, en mi caso y de Emilia a un hotel de lujo cortesía del salon6de bodas donde celebramos el banquete.

Capítulo 6

Emilia y yo llegamos rendidos al hotel, cansados y con ganas de dormir, pero hay rituales y tradiciones que son sagradas y hay que cumplir, por lo que entre un poco6de risas cogí a Emilia en brazos e hice la entrada triunfal por la puerta de la alcoba con ella encima y sin perder en ningún momento el equilibrio.

Nos miramos, ella me miró y lloró

- Estamos casados Fernando, ahora somos marido y mujer, te quiero Fernando
- Yo también te quiero, Emilia

El debate era ya no solo si había que hacer el amor o no, porque eso lo teníamos claro, aunque estuviésemos cansados, el caso era hacerlo antes o después de la engorrosa y entretenida tarea de quitar el vestido a mi recién estrenada esposa, este dato solo lo comprenderán los que hayan pasado el trámite pertinente de tener que ayudar a una novia a quitarse su traje nupcial.

- Bueno, el caso es que hay que hacerlo, ¿no?, pues venga, ahí tienes, que como tengamos que esperar a que me quites el vestido nos dan las pascuas aquí dentro

Hombre, pues ya sé que no era la manera más sensual, cariñosa o libidinosa de comenzar una relación de amor y pasión, pero el caso es que ver a Emilia en la cama, con el vestido de novia puesto, de rodillas y con el culo en pompa esperando a ser penetrada tenía su aquel, me excité enseguida.

Desde que Emilia y yo comenzamos a tener relaciones sexuales nunca habíamos hecho el amor sin preservativo, incluso por muchas ganas que tuviéramos, Emilia prefería recurrir al sexo oral o a la masturbación antes de ser penetrada sin condón, siempre lo entendí y así la respeté, pero esa noche era diferente, y no había condones a mano, el destino o más bien mis espermatozoides fecundaron esa noche uno de sus óvulos.

Después de aquello comenzamos una preciosa etapa de nuestras vidas donde se intercalaron momentos felices de la vida con días amargos, nacimientos, fallecimiento de nuestros padres, alguna que otra enfermedad y alguna boda y divorcio, Dulce ni una cosa ni otra, vivía sola y así dice que seguiría, con su trabajo y su vida, sin meterse en la de nadie y nadie en la suya.

Después de lo que pasó en la boda entre mi cuñada y yo no se volvió a repetir ese indecente momento que vivimos, aunque eso no quita mis pecaminosos pensamientos con respecto a ella, puesto que aunque con menos frecuencia claro que seguíamos viéndonos, y le seguía gustando los abrazos, arrumacos y besos, pero ahora con más distancia e incluso pudor que antes.

En verano de 2019 y cada uno con nuestras vidas asentadas, cada cual a su manera y como la vida les fue guiando recibimos la luctuosa noticia del fallecimiento de tía Encarna, una mujer centenaria hermana de la abuela de mi esposa que vivía en una pequeña aldea de Teruel, casi sin familia ni amigos en la despoblada aldea y la soltería de la tía hizo que el funeral fuese algo rápido y efímero, sin lágrimas y con un asunto tangible en mente ¿qué pasaría con su casa?

Capítulo 7

Lo curioso de todo esto es saber que Teruel sí que existe, y existen también sus aldeas, casi vacías, pero existen, y existen con sus gentes, con sus vidas y con la supervivencia de lugares donde no existe la posibilidad real de encontrar un trabajo digno que satisfaga económicamente las necesidades esenciales de cada casa, de cada familia, y en ese punto se supieron reinventar, el turismo rural estaba en auge.

Tía Encarna no iba a ser menos, acondicionó su casa para recibir las visitas remuneradas de los amantes de la naturaleza, esto evidentemente no lo gestionaba ella, sino, que era el primo Aurelio el encargado ya no sólo de la gestión de los alquileres, sino, que además se encargaba en gran parte o todo en el cuidado de tía Encarna, por eso nadie se sorprendió ni enfadó cuando el resultado de la herencias era que la casa de la tía hacía ya tiempo que era propiedad del buenazo del eterno primo soltero que vivía en una aldea colindante a la de su tía.

Aurelio es un hombre rural, noble, acostumbrado a vivir de lo que la naturaleza le regalaba, pero también era un hombre justo, y nos sorprendió a todos el hecho de que quisiese enmendar la herencia para hacer partícipes también a sus primos, todos se negaron, admiraron el gesto y haciendo justicia también dieron por bueno y sentado de la propiedad en exclusiva y solitario del primo rural.

Aurelio insistió en algo, nos dijo que iba a rehabilitar la casa para poder ofrecer más comodidad y servicios a los nuevos alquileres, y eso suponía tirar casi en su totalidad el mobiliario de la antigua casa, en un nuevo gesto noble nos ofreció que dispusiéramos a nuestro antojo de todo lo que se iba a tirar de la vieja casa.

Tanto mi esposa como mi cuñada quisieron quedarse con alguna de las antiguas mecedoras, un par de máquinas de coser muy antiguas y varios objetos más con algún valor sentimental.

Había que darse prisa, principalmente porque primo Aurelio quería empezar ya con las obras y nos dijo que hasta que no nos hubiésemos llevado lo que queríamos no comenzaría, por lo que había que tener un mínimo de cortesía por su gesto y hacer la gestión lo más rápido posible.

Íbamos a necesitar de una furgoneta para poder realizar el porte, fui yo quien se encargó de ello y como solo cabían tres ocupantes contando con el conductor pues seríamos mi esposa, mi cuñada Dulce y yo quien realizásemos el viaje. La cita adelantada, aunque más esperada por parte de la clínica dental a Emilia hizo que estuviésemos a punto de abortar el viaje, pero dada las prisas de la situación decidimos que iríamos Dulce y yo solos.

Capítulo 8

Salimos temprano ese jueves veraniego, teníamos al menos un par de horas de camino, con la furgoneta puede que un poco más, tanto mi cuñada como yo íbamos con atuendos deportivos para la comodidad no sólo del viaje, sino, que además teníamos que cargar allí la furgoneta cuando llegásemos.

Habíamos quedado en desayunar por el camino, salimos a las seis de la mañana con idea de estar a medio día de vuelta, Dulce durmió una hora en el asiento del copiloto hasta que decidí pararme en una venta a mitad del camino, yo la miraba mientras ella dormía, su ropa deportiva ajustada marcaba a la perfección sus líneas.

Después del desayuno a base de tostadas con aceite, jamón y tomate emprendimos de nuevo la marcha, Dulce comenzó a hablar y no paró hasta que llegamos, eran conversaciones quizá algo banales, solo para romper el hielo, hablando de unos y de otros, de aquí y de allá, justo cuando habíamos soltado el asfalto de la carretera para acceder a la aldea por el camino de tierra mi cuñada osó lanzar una pregunta al aire

-   Cuñado, nunca me dijiste si te gustó el beso que te di el día de tu boda

La pregunta me cogió por sorpresa, no la esperaba, mucho menos después de tantos años de aquello, pero creo que supe reaccionar a tiempo, pero creo que compliqué aún más las cosas

-   Pero que creída eres cuñada, ese beso no me lo diste tú, te lo di yo (un buen ataque suele funcionar siempre como buena defensa)
-   Tú nunca hubieses sido capaz de besarme, y quizá yo sí no hubiese bebido tanto tampoco lo hubiese hecho, pero lo único que puedo decirte hoy en día es

que me gustó ese beso y me acuerdo bastante de ello (espetó mi cuñada sin anestesia)

- Es cierto que ha pasado mucho tiempo, y si te soy sincero también me acuerdo de aquella noche, me resultó placentero y morboso, si en lugar de estar allí...
- Y si en lugar de estar allí... ¿qué? ¿qué hubieses hecho? (mi cuñada tomó las riendas y el manejo del diálogo, por suerte acabábamos de llegar)

Primo Aurelio estaba esperándonos en la puerta de la difunta tía Encarna, saludos protocolarios y permiso e insistencia para que cogiésemos todo lo que nos gustase, nos dijo que se tenía que marchar y no volvería hasta la noche, también nos comentó de la presencia de un par de pizzas en el frigorífico por si nos teníamos que quedar a comer y de varios paquetes de frutos secos, refrescos y cervezas a nuestra entera disposición, solo con la petición de que cuando terminásemos cerráramos la puerta con llave y colocásemos esta debajo de la maceta que había en la entrada.

Capítulo 9

Antes de comenzar a inspeccionar la casa para ver qué era lo que teníamos que cargar en la furgoneta comenzaron a aparecer en procesión desordenada pero en rigurosísimo protocolo de saludo al visitante extranjero los pocos vecinos de la aldea, conocidos por nosotros, claro, el uno que sí ven a ver el ternero que he comprado, la otra que sí mira el cuadro que pinté, incluso tuvimos que ver la improvisada taza del váter que inventó Julián en el granero de su casa, por lo que cuando quisimos darnos cuenta era medio día y ni siquiera sabíamos qué era lo que nos teníamos que llevar.

Nos pusimos manos a la obra, Dulce era la observadora y yo el peón que ejecutaba sus órdenes cuando le gustaba una silla, un cuadro o una mesita de té, las pizzas del frigorífico nos dieron la suficiente fuerza para seguir cargando la furgoneta, aunque después de quedarnos algo adormecidos en el viejo sofá de tía Encarna.

Hasta las seis y media o siete de la tarde no acabamos la requisitoria faena, hacía calor y habíamos sudado de lo lindo, si lo hubiera sabido me hubiese traído una muda de ropa y me hubiera duchado, pensé.

Dulce había metido alguna ropa de su tía en una bolsa, por lo visto había varias camisetas de propaganda y alguna que otra prenda tipo deportiva que algún visitante Había dejado olvidada, olían a naftalina y parecía ropa limpia, al menos seca y no empapada de sudor como la que llevábamos puesta a esa hora después de una larga jornada de empaquetar y cargar cajas en la furgoneta, yo me duché primero mientras Dulce anduvo un rato calle arriba para conseguir algo de cobertura con el móvil y hacerles saber a los que nos esperaban impacientes en casa que tardaríamos todavía en volver.

Cuando Dulce llegó ya me había duchado yo y me encontraba en el patio trasero de la vivienda aprovechando un lugar fresco a la sombra al lado de un viejo pozo, Dulce gritó mi nombre cuando entró en casa y a mi contestación añadió ella que se metería en la ducha y después nos iríamos.

El baño estaba situado al final de la casa, de tal modo que la única ventana que tenía el aseo daba al patio, y casualmente en frente de la ventana que yo dejé abierta y así continuaría estaba yo, con privilegiadas vistas al centro de la vieja bañera.

De la vergüenza y el pudor de ver desnudarse a Dulce y meterse en la bañera pasé a la excitación que un heterosexual experimenta al ver el cuerpo desnudo de una mujer bella, bien dotada y proporcionada en todas sus curvas, la excitación aumentaba con el morbo pecaminoso de ser mi cuñada quien dejaba al aire la desnudez de su cuerpo.

Comencé a tocarme mientras el agua y el jabón empapaban la piel de Dulce nombre de María, sus erectos pezones oscuros con no muy grandes areolas y a los que tuve acceso en una ocasión eran masajeados una y otra vez por sus manos, una pierna apoyada en el lateral de la bañera ayudaba a mi cuñada para frotarse bien sus muslos, su sexo poco velludo pero con forma clara de triangulo parecía frenar el agua que caía desde su vientre, y mis ojos, mis ojos eran el sol de ese verano, porque quemaban, porque ardían en deseo y en lujuria de poseer aquel cuerpo del pecado para el pecado.

No lo pude evitar, hay erecciones que por mucho que quieras no lo puedes evitar y quizá esa no era de las que yo quería eludir, miraba a mi cuñada al mismo tiempo que me sobaba el falo ya erecto debajo del pantalón deportivo que algún inquilino olvidó, era una prenda grande y ancha, al deshacer el nudo que ajustaba la prenda a mi cintura para tener mejor acceso al miembro ocasionó que la prenda cayese al suelo quedando anclada en mis tobillos, la ausencia de ropa interior dejaba el miembro firme y terso al descubierto.

Ese fue el momento en el que volví a levantar la cabeza para seguir mirando la ventana del pecado, me sentí avergonzado por unos segundos, pero la ventana del pecado mostraba también a una pecadora, porque Dulce ya me había visto, y Dulce ni se iba a ruborizar ni sabía de pudor, mi cuñada enfrentó el chorro de agua de la alcachofa directa a su sexo, y mordiendo su labio inferior no dejaba de mirarme, hice el amago de dar un paso al frente, pero mi cuñada me lo negó con su mirada ¡se mira pero no se toca! Dijo con solo mirarme y sin decir una palabra.

El juego estaba servido, había comenzado un libidinoso juego que quizás fue inaugurado el mismo día de mi boda, o quizás cuando me presentaron en aquella mesa ovalada de noble madera roja presidida por un coronel graciosillo.

Pero ahí estábamos, Dulce desnuda en la ducha masturbándose con un chorro de agua mientras me miraba como yo agitaba una y otra vez el miembro erecto y fijando mi mirada en sus pechos mojados por el agua, en su sexo húmedo, en ocasiones en sus ojos.

Ella estaba de pie, apoyando su espalda en la pared mientras se auto complacía, su cabeza ligeramente levantada, podía oír sus jadeos, sus gemidos distorsionados con el rumor del agua, mientras su mano derecha sostenía el artificio por donde salía el agua su mano derecha servía para masajear aquellas partes de su cuerpo que eran más sensibles al placer, como haciendo círculo en sus pezones con las yemas de sus dedos, masajeando ambos senos y apretando con su mano o incluso pasando su brazo por detrás para terminar de acariciar sus glúteos atreviéndose a introducir algún que otro dedo por su oscuro y angosto orificio rectal, o al menos eso intuía o quisiera yo que fuera así.

Su cara, sus gestos, sus movimientos y sus jadeos consiguieron que descargara rápido la munición acumulada que atesoraban mis testículos, como una ráfaga de metralleta y sin encontrar obstáculo que lo frenase mi semen se derramó y salpicó todo lo que había delante de mí en un radio de tres metros, Dulce sonrió de aquella manera que solo los seres endemoniados saben hacer, y quiso sumarse también a la hecatombe final del momento acelerando su ritmo de masajes manuales acercando aún más el chorro de la ducha contra su sexo y de paso contra las leyes de la ética y moralidad más decente del fraternal uso de la familia tradicional.

No dijimos nada durante el viaje de vuelta, mi cuñada Dulce durmió o se hizo la dormida hasta llegar a Zaragoza, aparcamos la furgoneta en un garaje privado para descargar y repartir el cargamento en sus respectivos lugares de entrega, nuestra casa, la de mi cuñada, cuñado, etc…

Antes de marcharnos cada uno a nuestra casa después de meter la furgoneta en el garaje Dulce me miró, sonrió, se acercó a mis labios y me besó, dejando rozar la punta de su lengua por el filo de mis labios, se volvió y me dio las buenas noches

-      Descansa Dulce, descansa

Capítulo 1

Era lo que más me jodía, que alguien me dijera ¡que suerte tienes! ¡Ya quisiera yo una vida como la tuya!, nunca fue un piropo para mí, la suerte a lo que hacían referencia siempre era por lo de mi trabajo de funcionario, lo de la vida supongo que harían referencia a mis tres soles que eran mis hijos y una culta y bella esposa donde convivíamos todos en un chalet a las afueras de Madrid, en una exclusiva urbanización.

Desde bien pequeño mis padres nos enseñaron los sacrificios y esfuerzos que hay que hacer en la vida para llegar a ser "algo", ese algo a lo que hacían referencia era todo lo contrario a lo que ellos eran, un padre casi analfabeto y una madre que se limpiaba los portales y las casas de medio Madrid para poder terminar de aportar en casa la pobre contribución monetaria que traía mi padre con la venta de la chatarra, palés que se encontraba en algún polígono o incluso alguna que otra rifa ¡pero todo legal, sin robar ni engañar a nadie!, al menos eso nos decía a nosotros, sus tres hijos, porque había que predicar pero con la palabra porque el ejemplo era el de múltiples bocadillos de mortadela sin aceitunas para que pudiera comer algo en el calabozo al menos una vez al mes.

Siempre eran hurtos pequeños y sin violencia, y desde luego que hasta el último céntimo de su bolsillo iba a parar al monedero de mi madre que era la encargada de llevar la pobre economía de casa, la policía lo sabía y nunca llegaron a multarlo, es más, cada vez que salía a la mañana siguiente del calabozo su economía aumentaba en 100, 200 o hasta una vez 1000 pesetas que le "prestaban" los de la comisaría para los estudios de sus hijos.

Y esto es lo que tiene ser pobre, honrado y tener tres hijos empeñados en querer estudiar, y encima animarlos para que lo hicieran, nuestros profesores eran conocedores de la crítica situación económica de la familia, es posible que sin la participación de ellos ninguno de mis hermanos ni yo hubiésemos podido sacar o al menos optar por ninguna de la carrera que posteriormente sacamos todos, cada uno la que le gustó, en nuestro curso los primeros de nuestra promoción, tres hermanos pobres, tres carreras dignas para orgullo de unos padres justos, buenos, honrados y muy trabajadores.

Capítulo 2

Voy a obviar las titulaciones que conseguimos mis hermanos y yo para centrarnos algo más en lo que debo contar, pero no quiero dejar escapar el detalle de que cuando acabamos las carreras le comparamos una casa nueva a nuestros padres y nos dedicamos a mantener económicamente a ambos para que no les faltase de nada, hoy en día en la fecha en la que escribo lo seguimos haciendo.

Mi empeño primordial era sacar la carrera, siempre me gustó leer, estudiar, aprender y dejarme enseñar por quien sabía, poca compatibilidad con el ocio, o a lo mejor mi ocio era precisamente ese, el de aprender todos los días un poquito más.

El tema amigos fue algo raro, mi empeño en querer quedarme en casa o pasarme las tardes enteras en la biblioteca podrían convertirme en uno de esos adolescentes raros, poco puedo contar de algún amigo especial de esos con los que compartir batallitas de colegas, solo cuando llegué a la universidad comencé a tener algo más de relación con estudiantes que compartían en parte mis aficiones, y entre esos estudiantes se encontraba Valeria, la que sería a la larga mi esposa, bueno, y la primera y única hembra que cataría el varón que aquí les cuenta.

Todo fue muy despacio, como el que no quiere la cosa, Valeria era una mujer (lo sigue siendo, quizá aún más que antes) muy bella y con un físico espectacular de estos de los que deja a los hombres sin aliento, rubia, alta y con medidas proporcionadas, y así me quedé yo el primer día que la vi, y el segundo, el tercero...

Nos fuimos haciendo amigos poco a poco, con el paso de las semanas, meses y año tras año de universidad, posiblemente éramos ya novios desde el primer día y yo no lo sabía, porque Valeria me enseñó los secretos de la carne prohibida antes de formalizar nuestra relación el último año de universidad, allá por 1995, pero sin compromisos reales de quedar un fin de semana para salir, o pasar juntos unas vacaciones de verano ni nada que nos obligase a dar explicaciones a la aventura pasajera de cualquier amante extraviado que pasase entre nuestras sábanas, en mi caso no hubo pasajeros que notasen nunca el calor de las mías, por parte de mi futura esposa sé que hubo al menos dos diferentes, supongo que alguno más.

Lo cierto de todo esto es que el día que acabamos nuestras carreras éramos una pareja seria, oficialmente prometidos y con futuros proyectos en común.

Capítulo 3

El paso del tiempo nos fue regalando hijos, estabilidad económica y emocional, con trabajos excesivamente remunerados y con el resto de familiares en condiciones iguales o parecidas a las nuestras, por ejemplo, mis hermanos también estaban casados, tenían hijos y aunque vivíamos en ciudades diferentes nos llamábamos con frecuencia y era muy común hacer quedadas para hacer barbacoas en la casa que compramos a nuestros padres.

Valeria era hija de un Notario y una abogada, gente seria y con poder económico, una única hermana, Nuria, mujer bella también, pero algo más enjuta que su hermana y muy morena de piel, daba la impresión de que siempre iba bronceada, abogada y casada con un cirujano, vivían en la misma urbanización que nosotros y teníamos un trato agradable de cordialidad y respeto, nuestros hijos eran parejos en edad y compartían colegios, mi trato con el cirujano era de lo más correcto posible, sin demasiadas confianzas pero con la sapiencia de saber que ambos podíamos contar el uno con el otro para cualquier improvisto que apareciera por casualidad.

Los amigos a estas alturas eran prácticamente irrelevantes en nuestras vidas, algún compañero de trabajo para formar parejas en el pádel y algún padre de los compañeros de colegio de nuestros hijos para organizar los cumpleaños en las fechas que tocase.

Solíamos viajar en fechas vacacionales, al principio por la totalidad de la geografía española para ir probando por Europa, Norteamérica e incluso algún país como Egipto,

Marruecos o el propio Sudáfrica, pero este último solo para ver como nuestra selección española alzaba la copa de campeona del mundo.

Alternábamos los diferentes destinos viajando de vez en cuando, aunque cada año con más frecuencia con la hermana de Valeria, yo siempre decía que me daba igual que nos acompañasen, era sumiso a las peticiones de mi esposa y mis hijos, pero en el fondo prefería hacer los viajes solo con mi mujer y mis hijos.

El viaje de Sudáfrica fue el único que hicimos sin nuestros hijos, todavía quedaban tres por nacer, Almudena y julio por nuestra parte y José Luis por parte de mi cuñada, los otros tres que teníamos ya nacidos entre ambas parejas eran muy pequeños y teniendo en cuenta de que era un viaje para acompañar a la "roja" decidimos dejarlos a cargo de los abuelos, por lo que viajamos las dos parejas sin hijos para ver disfrutar como finalmente el bueno de Iniesta nos daba el ansiado y soñado título.

Capítulo 4

Ni mi esposa ni mi cuñado consintieron que nos volviésemos a España cuando llevábamos una semana en el sur del continente africano, el médico del hotel nos dijo que la culpa era de esa tortilla de patatas, que los huevos con que se hicieron estaban en mal estado, y que pasarían una semana bastante mal, diarreas, vómitos e incluso fiebre como el caso de mi esposa, ningún comentario hice al respecto de viajar a África para que tanto Valeria como su cuñado optaran por un típico plato español en lugar de probar las recetas culinarias del lugar.

Solo habíamos visto el partido primero que España jugó frente a Suiza, nos perdimos el de Paraguay, y para el decisivo que jugamos frente a Chile no estaban todavía en condiciones de ir a un estadio de futbol, pero sí que estaban algo mejor y no hacía falta estar al cuidado de ambos, por lo que nos plantearon de que fuésemos a ver el partido solos mi cuñada Nuria y yo.

Fue una sensación extraña y curiosa, era la primera vez que me quedaba a solas con mi cuñada tanto tiempo, y eso que estábamos hablando que serían cuestión de horas, las dos del partido más las necesarias para el desplazamiento, jamás había tenido una conversación de más de diez minutos a solas con ella.

Prácticamente desde que salimos del hotel dirección al estadio fue Nuria la que llevó el timón o mando de las conversaciones que habíamos que tener, y empezamos dando un repaso de lo lindo a su esposo y su hermana por la cabezonería de no querer probar otra comida que no fuera la española en el hotel donde nos alojábamos y de ahí la intoxicación con los huevos de vete tú a saber de que clase de ave serían, si es que realmente eran de un animal volador.

El caso es que poquito a poco fuimos relajando el trato cordial y quizá algo lejano que siempre dispensábamos Nuria y yo desde que nos conocimos, basado en el enorme respeto y admiración mutua en lo laboral.

Cuando comenzó el partido nos convertimos en dos hinchas más del estadio vestidos con la camiseta de nuestro equipo y animando desde las gradas para que les llegase el calor de los que les apoyaban, Nuria era una mujer muy futbolera, eso lo sabía desde que la conocí, me lo confirmó el día del partido frente a Suiza y lo corroboró en el que estábamos viendo frente a Chile, era mucho más apasionada y entregada como hincha de sus colores que yo, que aunque me gustase mucho el futbol siempre mantenía las formas en las gradas sin hacer mucha algarabía ni mostrar efusivamente las emociones de lo que daba el juego, ni para alegría ni para el dolor de cuando tu equipo encaja un gol.

Mi cuñada no era la misma que yo conocía, al menos sentados allí en las gradas de un campo de futbol, gritos de ánimos a los suyos, insultos al arbitro y cantando los "huy" como si se perdiera la ocasión de salvar a toda una población de una hecatombe mundial.

Un partido intenso y disputado, emocionante hasta que el bueno de Villa abrió el marcador a favor de la roja que en aquella ocasión vestía de azul, aunque curiosamente seguía siendo la rija, cosas del futbol.

Todos los de la grada se levantaron y gritaron ¡gol!, gran parte del público africano estaba con nosotros, aunque a decir verdad a ellos los que le gustaba era eso de celebrar los goles, Nuria se levantó como el más tenso de los resortes y como si la cordura nunca hubiera formado parte de ella comenzó a gritar y dar brincos, girándose en un momento dado y al mismo tiempo que me abrazaba terminó por plantarme un apretado beso en los morros, me quedé inmóvil y ella siguió como si tal cosa con su algarabía.

El segundo gol de España llegó diez o doce minutos después, la locura ya se había instalado definitivamente en la cabeza de mi cuñada, entre los gritos de la afición y el momento de la euforia no dudó en volver a repetir la acción de minutos atrás y volvió a besarme, me dejé hacer e hice como si tal cosa fuera algo natural, quizá lo fuese, aunque no creo que las estrictas normas del protocolo ético den por bueno el exceso de confianza y cariño entre dos cuñados que siempre se respetaron y admiraron, la intensidad del momento parecía que se diluida con el pitido del árbitro indicando que los primeros 45 minutos de juego habían terminado, en un cuarto de hora se retomaría el encuentro de nuevo, tiempo suficiente para ausentarnos unos minutos de los asientos y visitar los servicios públicos del estadio.

Capítulo 5

No conocía a mi cuñada, era otra, estaba desbordada, sus gestos, sus ojos y su manera de hablar denotaban la alegría y emoción del momento, antes de entrar en los servicios tomamos un par de cervezas seguidas, sin pausa entre trago y trago.

Nuria se reía e intercambiaba opiniones entre gritos, vuvuzelas y demás chismes demoníacos que subiesen los decibelios de ese estruendoso estadio, en cualquier caso me divertía y me animaba ver de tan buen humor a una persona que por mucho trato que tuviese siempre la vi como la seriedad personificada y sin muestras de expresar la alegría que debería ser en el momento.

El momento, las dos cervezas y una pregunta contestada por parte de mi cuñada consiguieron qué...

- Me alegro mucho de verte así de contenta Nuria, nunca te había visto expresar tanta emoción, ¿quién es la verdadera Nuria, la de las vuvuzelas o la de los despachos?
- No sé cuñado, lo que sí que sé es lo a gusto y feliz que estoy hoy aquí, me entran ganas incluso de besarte

Entre risas largó aquello por su boca como si fuera lo más normal del mundo, me entró una risa estúpida y sin reacción a réplica por mi parte, posiblemente las dos cervezas seguidas hablaron por nosotros y Nuria volvió a besarme en el pasillo que había al lado de los vestuarios, no fue un beso largo, ni apasionado, ni de esos que te marcan para toda una vida, pero no dejaba de ser un beso en los morros.

La segunda parte del partido fue intensa, Chile nos marcó un gol nada más reanudarse el encuentro, Nuria se puso más tensa y pasó rápido de la alegría a los insultos y desesperación cada vez que España perdía el balón, en ocasiones me agarraba y apretaba fuerte el brazo cuando el balón salía rozando el poster o el juez de línea levantaba el banderín señalando un fuera de juego.

Pero el final del partido llegó, y España ganó, la tensión acumulada del encuentro se relajó y Nuria me abrazó cuando nos levantamos de las gradas, y ahí en ese momento volvió con esa manía repentina que le había entrado de besarme durante toda esa tarde, pero este fue ya un beso más largo, detenido y con intercambio de jugueteo de lenguas, hubo pasión, pero la justa teniendo en cuenta de que estábamos aún rodeados de gente.

Teníamos que volver en autobús y durante el trayecto hasta volver al hotel quise quitarle toda la importancia a lo ocurrido y pensé con la poca coherencia que daba el momento que lo de Nuria fue un lapsus debido a la euforia desatada y descontrolada de la circunstancia, ella no abrió la boca para decir nada.

Capítulo 6

Nuestras parejas seguían cada una en sus respectivas habitaciones, no iban a bajar a cenar esa noche, solo querían estar cerca de un retrete, sus cuerpos estaban débiles, aunque ya con claros signos de ir mejorando, ambos nos instaron a que bajásemos de nuevo los dos solos a cenar y de paso dar una vuelta por la ciudad.

La verdad es que nunca me había parado con detenimiento a observar si mi cuñada era una mujer atractiva o no, quiero decir, sí que lo era, pero eso de mirarla con cierto tono de libido extra nunca había entrado en mi forma de entender el respeto y la compostura de una familia bien estructurada y con pilares bien sujetos, pero la ropa que se puso mi cuñada esa noche dejando sus carnes al descubierto hicieron que sorprendentemente para mí y sumando lo del beso de tan solo hacía una hora me subieran un inesperado cosquilleo por el estómago.

Conseguimos entablar una conversación diferente a todas las que habíamos tenido antes, y como si de dos viejos amigos se tratase nos pusimos a confesarnos secretos íntimos que ambos llevábamos tiempo escondidos y bajo llave en un baúl.

No eran secretos importantes, pero sí nuestros, propios, sin que nunca hubieran salido a la luz, con el paso de la ingesta de ese maravilloso vino estos secretos fueron haciéndose cada vez más relacionados a los comprometidos y personales que tienen que ver con los asuntos de alcoba.

Por lo que llegué a enterarme de que el marido de mi cuñada Nuria era un eyaculador precoz y que ella no conseguía disfrutar del sexo con él y ella se enteró por ejemplo de que su hermana era incapaz de practicar el sexo oral porque le daban arcadas.

Nunca había hablado de esto con nadie, incapaz de tener esa clase de amigos a quien confiar estos secretos siempre me los reservaba en un rincón de mis pensamientos para darle más o menos importancia dependiendo de cada momento.

La cena terminó y ambos íbamos como se suele decir por España un poco alegres y con la lengua suelta debido al vino, la noche era agradable, la conversación atrevida pero amena y diría que, hasta necesaria, decidimos sentarnos en una terraza donde no había mucha gente para tomarnos cada uno el coctel que más nos gustase, el mío cargado de Ginebra mientras ella optó por uno en el que era el ron el ingrediente principal.

Una mesa bajita, rectangular, dos sillones en sus extremos más estrechos y un sofá biplaza en uno de los lados anchos, de tal manera que el comensal podría disfrutar de unas preciosas vistas de la selva africana, por protocolo nos sentamos primero en ambas butacas individuales, poco después para no tener que ir girando la vista para disfrutar del espectáculo que nos ofrecía la naturaleza acabamos los dos sentados en el sofá para dos personas, hacía algo de fresco pero sin llegar a decir que la noche era fría, de cualquier modo Nuria pegó su cuerpo al mío para robar algo de calor, en un momento dado dejó caer su cabeza de mi hombro.

Capítulo 7

Comencé a notar como su cabeza se movía y se reacomodaba una y otra vez sobre mi hombro, incluso percibía su aliento a ron y hierbabuena del coctel, su mano acariciaba mi muslo, me dio un beso en la mejilla y me comentó lo bien y feliz que estaba esa noche junto a mí, que quizá ambos habíamos descubierto un nuevo amigo.

Claro que se me pasaba por la cabeza, y sí que tuve fuerza y valentía para hacerlo, por lo que la desacomodé de mi hombro y sin pensarlo la besé en los labios, de forma tímida y como si pidiese permiso para poder hacerlo.

El permiso estaba concedido seguramente desde el gol de Villa en el estadio, mi cuñada y yo juntamos nuestras bocas para jugar con nuestras lenguas y comenzar un reconocimiento táctil con nuestras manos en los cuerpos el uno del otro, allí sentados en solitario y casi en la penumbra de aquella terraza, nuestras copas eran ya las segundas servidas y con la anterior ingesta de aquel vino se podría decir que la vergüenza y el pudor posiblemente sin aquello del sentido común y las reglas del protocolo ético ya perdidos comenzamos a sobarnos como si fuéramos dos adolescentes ardientes y llenos de deseo carnal sedientos del fluido salival que derramaba nuestras bocas.

La mano de mi cuñada masajeaba el enorme bulto que me había ocasionado ella misma acariciando el tejido de mi pantalón a la altura donde mi sexo luchaba con el tejido intentando abrirse paso con cierto éxito y con un poquito de dolor añadido por la estrechez de la prenda, mis manos acariciaban dentro ya de su falda el interior de sus muslos palpando con más o menos intención la tela de la ropa interior de mi cuñada.

Percibí el desahogo de sentir como la correa de mi pantalón ya no me oprimía la cintura y sin creer lo que allí estaba pasando logré darme cuenta de que Nuria había conseguido no solo desabrochar la correa, sino, que había sacado de sus ojales los cinco o seis botones que formaban parte de la bragueta del pantalón, introduciendo su mano hasta palpar carne.

Miré alrededor con la poca vergüenza que me quedaba tras el consumo etílico, no había nadie, mi cuñada ni siquiera levantó su cabeza para cerciorarse de que lo que estaba a punto de hacer podría haber sido espectáculo para algún comensal del lugar, en cualquier caso, no había nadie.

Con el falo al descubierto por completo y Nuria agachada y con su cabeza en mi entrepierna no dudó en rozar primero la punta de su lengua con la parte carnosa y sin piel del sexo para que poco a poco fuese jugando desde su punta a su base en todo el vertical del miembro, después sin contemplación y sin preguntar lo introducía una y otra vez en su cavidad bucal con el mimo y cuidado de no rozar sus dientes por tan delicado órgano.

Coloqué mis manos encima de su cabeza acariciando su cabellera y acompañando los vaivenes que realizaba con el miembro escondido en su boca, yo miraba al cielo y me creía estrella o firmamento mientras Nuria era la diablesa que ponía pies en tierra, y boca en carne.

No sé cuanto tiempo pasamos en ese trance, quizás mucho para mí y poco para ella, puede que, al contrario, o puede que fuese el tiempo justo y necesario, no sabría que decir, pero en cualquier caso tuve la cortesía de avisar a mi cuñada que aquello que intentaba hacer llegar a su garganta estaba a punto de explotar y si no tenía cuidado le explotaría como una granada dejando su boca llena de mi metralla.

Pero Nuria era una amazona guerrera y estaba por soportar el dolor de mi metralla, por lo que siendo consciente de mi preaviso primero y de una clara alarma en forma de alerta sonora no consintió apartar su boca de mi sexo con el consiguiente anegamiento o inundación de su cavidad por la explosión del que casi nunca había visto una garganta tan de cerca.

Capítulo 8

después de aquello y sin decirnos una sola palabra de lo sucedido volvimos al hotel, la palabra avergonzado o arrepentido no salió nunca de nuestras bocas, en mis pensamientos al menos tampoco.

Y así tanto mi esposa como mi cuñado se fueron poniendo mejor y terminamos de echar una feliz estancia en África con el colofón final de la copa del mundo levantada por el bueno de Iker Casillas, nos abrazamos todos y vivimos uno de los días más felices de nuestras vidas.

Y después de África el paso del tiempo, los días, semanas, meses e incluso varios años, en todo ese tiempo Nuria y yo jamás hablamos de lo sucedido, vinieron más hijos, algún fallecimiento de familiares cercanos y muchos viajes, algunos con ellos y otros en solitario con mi mujer y mis hijos, pero sin mencionar nada de lo que sucedió aquella mágica noche.

De todo esto sí tengo que decir que el comportamiento con mi cuñada cambió en todo este tiempo, nos convertimos en personas más cercanas, teníamos más confianza el uno con el otro y además comencé a disfrutar algo más del atractivo de mi cuñada, algo que antes nunca me había parado a contemplar.

Hace un par de años nuestros hijos que como ya dije anteriormente estudiaban en el mismo colegio fueron seleccionados para jugar en las olimpiadas a nivel nacional entre institutos de toda España, ese primer año que fueron seleccionados se celebró el evento en el colegio donde estudiaban, la del año 2019 se celebraban en las islas canarias.

Nuria no se perdería el evento por nada del mundo, se celebrarían a primeros de junio, mi esposa Valeria no podía coger ese fin de semana por temas laborales y mi cuñado

se recuperaba de un esguince producido hacía unos días jugando al pádel, por lo que no estaba en condiciones de batallar esos días andando y mucho menos viajar.

La cuestión era que los niños sí que podían viajar solos, ya que todos dormirían juntos en el mismo hotel emulando la concentración que hacen sus mayores antes de los partidos importantes, algunos padres sí que decidieron viajar para acompañar a sus hijos, Nuria y yo seríamos unos de esos padres, aunque en nuestro caso viajamos en un vuelo diferente y un día más tarde esperando quizá el milagro de la recuperación de mi cuñado o la resolución del problema laboral de Valeria, ninguno de los dos milagros se produjo, por lo que Nuria y yo cogimos el avión el viernes con billete de vuelta para el domingo próximo.

Capítulo 9

Reservamos dos habitaciones en un hotel cercano al instituto donde se celebraban las olimpiadas, no era el mismo donde estaban alojados el grosor de los demás padres de alumnos, ellos se pusieron de acuerdo semanas antes para reservar y estar todos juntos, en nuestro caso omitimos la invitación para participar y hacer el viaje por nuestra cuenta, ya que en un principio no sabíamos que era lo que terminaríamos haciendo finalmente.

Llegamos a las Palmas con el tiempo justo de ver ganar el partido de ese viernes a nuestros hijos y que les permitía pasar de ronda, aunque hubieran caído eliminados la estancia sería hasta el domingo donde los equipos perdedores harían homenaje por aquello del juego limpio al perdedor, o viceversa.

Tuvimos el tiempo suficiente para abrazar a nuestros hijos, poco porque los entrenadores querían evitar el contacto con la familia para que los chiquillos hicieran piña entre ellos fuera del arropo de la familia.

Nuria y yo comimos una hamburguesa antes de llegar finalmente al hotel aun con las maletas a cuestas del viaje, nuestras habitaciones estaban contiguas y cada uno se metió en la suya, hacía calor y decidimos de echar una siesta y quedamos a eso de las ocho para salir a dar un paseo y cenar, yo me duché y me quedé dormido enseguida, soñé que mi cuñada pasaba la noche conmigo después de una acalorada sesión de sexo.

Llamé a su puerta cinco minutos antes de lo acordado, Nuria se había quedado dormida y se despertó con mi requerimiento de la salida, me invitó a entrar y esperar a que se duchase y se vistiese, me dijo que no tardaría ya que no tenía intención casi de maquillarse, una ducha y me coloco el vestido, dijo.

Cierto es que pude o más bien debí de esperarla en mi habitación, pero no lo hice y me senté en una butaca que había frente a un gran ventanal que mostraba la grandeza del océano Atlántico casi en mitad de su latitud, una bella estampa con bañistas en la playa y transatlánticos esperando entrar en puerto.

Nuria llevaba puesto un camisón muy fino y transparente que seguramente no cayó en la cuenta de que me mostraba la desnudez de su cuerpo con los rayos de sol dándole de lleno en la prenda con el ventanal abierto y dejando entrar la luz, abrió la puerta del baño y giró el grifo para dejar caer el agua, cerró la puerta del baño y salió a los cinco minutos abrigada con un corto albornoz blanco anudado a su cintura pero con un nudo poco tenso que dejaba un hueco suficiente para poder ver casi la totalidad de sus senos si me giraba y buscaba postura para hacerlo, y con mucha menos dificultad por medio de la apertura de la correa hacia abajo que me mostraba el interior de sus mulos en plenitud, su sexo se adivinaba velludo y negro en contraste con el blanco nuclear de la prenda que recogía la humedad de su piel.

Me dieron ganas de levantarme y quitarle la prenda sin preguntar, me entraron unas ansias irreprimibles de ver el cuerpo desnudo de mi cuñada, estuve por saltar, pero contuve mi emoción y finalmente volvió al baño para terminar de vestirse con la puerta cerrada.

Detrás del ventanal que era más bien una puerta corredera había un balcón enorme, en frente el mar, a mi derecha el balcón de mi habitación el cual estaba separado por una pequeña valla de poco más de un metro de altura y que no cubría en nada la longitud del balcón desde el precipicio a la pared, sino, que para completar el vacío habían puesto un gran macetero con un pequeño cactus aún en crecimiento y que parecía estar algo mustio, me llamó la atención la falta de intimidad y lo fácil que serían saltar de un lugar a otro si alguien se lo propusiese.

Capítulo 10

Salió Nuria con un vestido floreado del cuarto de baño, uno de esos cortos con gran escote y de vuelo por abajo, estaba guapa mi cuñada, y yo dispuesto a presumir a su lado del falso moreno sin broncear que lucía mi cuñada en toda época del año.

Primero dimos una vuelta por las diferentes tiendas de souvenirs de la zona, hicimos algunas compras y nos dirigimos al paseo de la playa para disfrutar un rato de la brisa del mar al anochecer.

Había un chiringuito a pie de playa, pero con entrada desde el paseo, a Nuria le gustó por ser uno de esos locales ambientados en la gastronomía y cultura cubana, no sabía yo del interés del país que un día fue nuestro por mi cuñada.

Entre sonidos suaves de salsa y con un camarero mulato que no paraba de agasajar a Nuria conseguimos cenar un pescado a la plancha y una ensalada típica de la tierra de centro América, todo muy bueno y sabroso, al igual que el vino.

Con más maldad que buenas intenciones o cortesía fui rellenando con frecuencia la copa de vino de mi cuñada, que poco a poco se le iba soltando la lengua y los gestos llegando a acompañar con su cuerpo aún sentada el soniquete pegadizo del ritmo cubano que no paraba de sonar por unos modernos altavoces integrados en una especie de focos led que iluminaban la estancia.

El mismo camarero que nos atendió y se hizo más amigo de Nuria que de mi nos invitó a una primera copa después de cenar en un apartado del chiringuito más adentrado en la playa y donde se supone que amenizarían la noche con actuaciones en directo.

Se desbocó, mi cuñada estaba totalmente fuera de sí, era una mujer joven que definitivamente había perdido todo rastro de seriedad y con varias copas de más me obligaba a salir a bailar con ella en la pista de baile arenosa que improvisaban todas las noches en la arena dependiendo del coeficiente de mareas para convertirse en más o menos grandes, pero antes de salir a bailar había que descalzarse.

Volvió a besarme como lo hizo años atrás cuando España fue campeona del mundo, lo hacía cuando estábamos bailando, se pegaba tanto a mí que cuando pegaba su cuerpo al mío lograba excitarme y finalizaba el gesto siempre con un beso en los labios donde su lengua penetraba como la cola de una lagartija en mi boca.

Sabía, intuía o quizá soñaba que esa noche la pasaría retozando debajo de las sabanas de la cama de mi cuñada, tenía todos los elementos a mi favor, los astros se estaban alineando para culminar esa noche lo que tuvo que pasar nueve años atrás, que, aunque disfruté de lo lindo no llegamos a sellar lo que ambos supongo que queríamos.

Me cansaba tanto baile y mis erecciones me avergonzaban delante de tanto público bailón, y por más que le pedía a Nuria que volviésemos al hotel mi cuñada me lo negaba con la excusa de lo mucho que estaba disfrutando esa noche cubana, no me quedó más remedio que sentarme a esperar que se cansase de tanto baile y que el propio consumo de alcohol terminase por derrumbarla y me pidiese ella misma que regresásemos ya al hotel, el camarero mulato que nos atendió era ahora el que bailaba con ella.

Capítulo 11

Era digna de una postal, o más bien eran dignos de ser retratados ambos, tanto el camarero mulato como mi cuñada, se habían hecho amigos durante el baile y los dos se quedaron prácticamente solos en la arenosa pista de baile, el mulato hacía con ella filigranas de toda clase y en ocasiones mi cuñada parecía un muñeco de trapo manejado por el casi negro que nos atendió y que ahora era besado por mi cuñada en cada giro que el muchacho le daba al son que iba pidiendo la música.

Yo me restregaba los ojos ante lo que veía y al mismo tiempo pensaba que el mulato me estaba haciendo el trabajo de calentar a mi cuñada para que cuando llegásemos al hotel cayese rendida a mis brazos fruto del libidinoso frote con aquel joven muchacho que después de servir copas demostraba saber moverse en una pista de baile y de hacer las delicias de las cuarentonas soñadoras de vivir aventuras nuevas.

Mi cuñada no se cansaba y a mí me estaba entrando la pájara de estar parado en aquella silla de mimbre que no era nada cómoda para pasar las más de dos horas que llevábamos allí anclados.

Mi cuñada y el mulato ya no se escondían y sin guardar el respeto que yo le tendría que imponer al estar presente no dudaba en dejarse meter mano por el chico que además de besarla le metía mano por debajo del vestido tocando todo aquello que yo debería de tener ya entre mis manos en la habitación del hotel.

La sorpresa se hizo real junto al temor que comenzó a pasar por mi cabeza, porque Nuria decidió de poner fin a tanto baile para volver al hotel, pero no volveríamos los dos solos, el mulato era la tercera persona en liza que seguía los pasos de vuelta al resort.

Estaba enfadado, pero al mismo tiempo una rara sensación recorría mi cuerpo, claro que yo quería estar encarnado en aquel mulato, pero por otra parte debo de admitir que ver a mi cuñada toqueteada y besada por ese hombre joven, fuerte, musculoso y con piel oscura me ponían la sangre caliente y me excitaba tal situación.

Cuando nos metimos en el ascensor para subir a la sexta planta del hotel estaban ya tan dislocados como calientes, y no dejaban de escapar la oportunidad de empezar con los preliminares que completarían en la habitación de Nuria en aquel hotel de la vergüenza.

Capítulo 12

Seguramente con cara de bobo entré aquella noche en la habitación, nada que ver con la excitación del muchacho y mi cuñada que no encontraban el tiempo suficiente para abrir la puerta y desnudarse antes de cerrarla para no perder ni un instante la inercia ardiente con la que venían desde aquella lujuriosa pista de baile.

No lo dudé un instante, y aunque estaba muy cabreado por la situación y llegué a tirar al suelo con violencia todo lo que iba encontrando a mi alrededor terminé por salir al balcón, con un poco de suerte la cortina seguiría abierta dejando ver la cama en plenitud como una gran pantalla de cine.

Ya estaban desnudos cuando asomé la cabeza inmiscuyendo en la privada intimidad de los recientes amantes, no defraudaba el mulato con sus vergüenzas al descubierto, un miembro grueso y de gran tamaño era apresado entre los senos de mi cuñada que abrigaba el sexo del mulato al tiempo que lubricaba la fina piel de sus pechos aplicando su propia saliva para evitar roces molestos.

Después el sexo del chico a la boca de Nuria, la veía disfrutar, el mulato de pie frente a la cama donde Nuria permanecía sentada mientras practicaba la felación, el mulato le movía la cabeza con violencia para que el miembro entrase cada vez más en la boca de la chica peninsular provocándole arcadas.

Antes de terminar Nuria se levantó, sus grandes senos eran ahora besados por el chico mientras las grandes manos del mulato agarraban con fuerza los glúteos de mi cuñada, la envidia existía en mi mente en ese momento, pero la realidad allí era que me estaba excitando.

Ambos se besaban ahora con pasión, con fuego, con sus cuerpos pegados el uno contra el otro, era inminente un nuevo giro de la situación, y sin pensarlo dos veces mi cuñada saltó encima del mulato, donde quedó abrazada a él con sus pies rodeando su cintura mientras el chico seguía de pie y aguantaba con sus manos las nalgas de Nuria para que esta no cayese o para acompañar los movimientos de la amante que se ayudó de su mano derecha para que el sexo del joven acabase engullido por el sexo de la pecadora.

El mulato la giro ahora y la puso de espalda contra la pared, seguía subida en él y sus piernas hacían de pinzas por encima del trasero del mulato, que eso era lo que yo veía ahora en la posición en la que se encontraban, por lo tanto mi cuñada quedaba con la vista al ventanal, donde yo contemplaba lo sucedido con mi mano sosteniendo mi propio miembro y masajeándome fantaseando que era yo el que infringía esas violentas sacudidas a mi cuñada.

Nuria se me quedó mirando, pensé que gritaría y me echaría de allí alertando al mulato, pero no ocurrió así, ella me sonrió mientras yo me daba placer y acentuó aún más sus gestos de pasión consciente de mi intromisión por la ventana del pudor.

El final del espectáculo fue como un contrato pactado a tres bandas, donde cada uno de nosotros alcanzaríamos el cielo al mismo tiempo, unos con más placer que el otro, pero con aquel morbo añadido, volví a mi habitación algo avergonzado y me tiré en mi cama, pensé que el mulato se iría, pero los nuevos gritos de pasión y placer continuaron en aquella habitación del placer hasta el mismo amanecer.

Capítulo 13

Tuve que saltar finalmente por el balcón para despertar a mi cuñada, por mucho que aporreé la puerta la bella durmiente recién entregada al placer y el pecado no se despertaba.

El mulato ya no estaba, y mi cuñada yacía bocarriba en la cama, desnuda, con su cuerpo señalado por el pecado, su sexo desnudo y velludo con signos evidentes de haber sido depositario de fluidos ajenos, sus grandes senos estirados y dejándose caer fruto de la gravedad por ambos costados, no sintió vergüenza cuando conseguí despertarla, es más, me pidió perdón y desnuda como estaba y casi dormida se fue a la ducha para disfrazar más que borrar las huellas de lo acontecido, no cerró la puerta del baño y me pidió que le acercase su ropa y una toalla mientras el gua y la espuma resbalaban por su cuerpo, Nuria estaba exhausta.

Esa tarde vimos como nuestros hijos caían eliminados por unos chavales de un colegio de Bilbao, estaban bien instruidos para asimilar que aquello formaba parte del juego, y aunque hubo varias lágrimas de los chavales finalmente terminaron por abrazarse los contendientes, tanto vencedores como vencidos.

Nuria no estaba para muchos trotes, y casi no se dio cuenta de aquello, detrás de esas enormes gafas de sol descansaban cerrados unos ojos que horas atrás desprendían más calor que el propio infierno.

Después del partido los entrenadores decidieron a petición de los niños seguir concentrados en su hotel, por lo que no eran necesarias las visitas, Nuria aprovechó para seguir durmiendo y yo para dar un paseo en la playa donde llegué a darme algún que otro chapuzón.

Por la noche salimos a cenar sin hacer ningún comentario de lo sucedido, dimos una vuelta y hablamos de lo correcto de la actuación de nuestros hijos ante la derrota, volvimos a ser esos cuñados algo distantes de tiempos atrás.

El domingo por la tarde nuestro avión empinaba el morro dirección a Madrid, nuestros hijos ya viajaban a nuestro lado, Nuria con antifaz en sus ojos soñaría seguramente con acento cubano.

CARLOS E ISABEL

Capítulo 1

Conocí a mi esposa cuando ambos teníamos trece años, ocurrió una tarde de verano en el recinto de la exposición universal que se celebraba en Sevilla en el año 1992, era la hija de un compañero de trabajo de mi padre, ellos habían quedado allí con sus respectivas mujeres e hijos para pasar la tarde, sin saberlo Macarena y yo comenzaríamos el próximo curso de BUP en el mismo instituto de uno de los barrios de Sevilla, ambos teníamos que viajar en autobús para salvar los diez o doce kilómetros que separaban la población de Dos hermanas donde residíamos de la capital donde comenzaría una nueva etapa de nuestras vidas.

Esa fue una tarde divertida y amena, tanto Macarena como yo éramos los mayores de tres hermanos, ella cuidaba de Rocío que tenía en aquel entonces ocho años y sus padres paseaban con el carro de bebé a Benito que aún era niño de teta en el 92. En mi caso siempre me tocaba de ir cogido de la mano con Andrés que en aquel verano cumplió cinco años mientras Rubén con dos permanecía en los hombros de mi padre.

Buenas migas hicimos Macarena y yo esa tarde, nos hicimos amigos relatando de la tarea en común que nuestros padres nos encomendaban para tener que cuidar de nuestros hermanos pequeños, toda una lata y un abuso por parte de nuestros padres que no atendían a las súplicas de dejarnos a solas sin tener que ir acompañados de un mocoso llorón a todas partes.

Viviendo en la misma localidad no conocía a Macarena de antes, y supongo que la relación laboral de nuestros padres tuvo mucho que ver a la hora de coincidir en el mismo instituto en la capital ya que teníamos la posibilidad de hacerlo en la misma población donde residíamos sin tener que costear el transporte y evitar el engorroso trámite de tener que coger un autobús todos los días, ida y vuelta.

Aunque mi madre al principio era reacia a la idea de mi padre finalmente accedió a la petición de mi padre con el recurrente argumento de que nos serviría para tener más soltura en la vida al necesitar de nuestra propia autonomía para movernos y el de conocer a nuevos compañeros, le vendrá bien a Carlitos, repetía mi padre hasta la saciedad.

Y no se equivocó mucho, mis amigos seguían siendo los del barrio de siempre y no los del colegio donde estudié hasta octavo de la EGB, pero en el nuevo instituto de la capital conseguí hacer nuevos y buenos amigos, de esos que ahora mismo conservo en la actualidad, Macarena también formaba parte de mi nuevo círculo amistoso, aunque con ella la palabra amistad comenzó a quedarse un poco corta

Capítulo 2

ya teníamos el referente de habernos conocido antes, incluso repetimos alguna que otra vez en algún bar o terraza de nuestra localidad donde nuestros padres cogieron cierta confianza, nos avergonzaban cuando hacían alusión a la posibilidad de que convirtiésemos en consuegros a nuestros progenitores.

Yo sí que me había enamorado de Macarena, que cambiaba su físico casi por días, dejando de ser una niña enclenque y enjuta para convertirse en toda una adolescente guapa, sin granos, con carnes prietas y pechos en aumento paulatino que hacían las delicias de los chicos de aquel instituto.

Sin embargo, yo me convertí en un adolescente feo, con gafas de pasta que no tapaban en nada la cantidad de granos desmesurados que tuve que sufrir cada vez que me miraba al espejo o lamentar cada vez que alguna chica me rechazaba por tal asunto.

Claro que lo de intentarlo con otras chicas era por los desplantes que Macarena me hacía una y otra vez, sin compasión me repetía que yo era como un hermano para ella y claro, los hermanos son puros y castos y no se besan en los labios, que a la postre era lo que yo intentaba conseguir una y otra vez hasta que cumplí dieciséis años donde besé por primera vez a una chica.

Se llamaba Gloria y era una de las chicas que según los del instituto se dejaba hacer de todo a cambio de pasarle los apuntes, yo terminé sucumbiendo a sus encantos, era una chica con más kilos de la cuenta y menos neuronas de lo normal, aunque este típico comentario extendido por todo el instituto sería de debate abierto, ya que una chica con poca capacidad neuronal no sería capaz de engatusar como hacía a los chicos para conseguir con éxito la finalidad de su propósito, que no dejaba de ser otra cosa que la famosa ley del mínimo esfuerzo.

En mi caso fueron unos apuntes de matemáticas, a cambio una sesión de unos diez o quince minutos en la trasera del patio del instituto donde la chica regordeta y con trenzas me metió para mi sorpresa y estupor la lengua hasta el fondo de mi boca buscando la escondida y estupefacta lengua del que aquí cuenta la historia.

Era un beso con derecho a sobe de carne, quiero decir, que durante el beso pude magrear y tocar a Gloria por todo el ancho de su abultada anatomía, con especial atención como ya os podéis hacer una idea en sus grandes pechos, aunque todo esto sin meter nunca la mano por debajo de la tela que cubría su piel, porque la chica era ardiente y promiscua pero decente, que también hay que decirlo.

Macarena y yo seguíamos siendo amigos y nuestros padres también, por lo que nuestra amistad nos daba derecho a hacer preguntas indecentes como si ya nos habíamos acostado con alguien, si era así con quien era o con quien nos habíamos besado.

Capítulo 3

Sobre el sexo que practicaban los adultos poco nos pudimos contar con dieciséis años, lo de los besos eran otra cosa, Macarena tenía un historial que podría hacer sombra a la buena de Gloria, eso me dolía, y yo me avergonzaba de tener que decirle que la chica regordeta de trenzas fue la única a la que besé.

Me parecía totalmente injusto que Macarena se enfadase conmigo porque fue a Gloria a quien besé, o mejor dicho, me besó ella a mí, porque argumentaba que esa chica era una fresca que se dejaba tocar por todos y yo me merecía algo mejor, curiosamente al pedirle que fuese ella misma la que me besase siempre negaba mi petición, con el tiempo pudimos llegar a pensar que esos primeros roces entre nosotros no eran más que episodios de celos amorosos.

Me dolía mucho que Macarena me diese la espalda día tras día, pero yo lo seguía intentando, y su respuesta siempre era la misma, no me acostumbraba a sus desplantes.

Pero el tiempo pasaba, el siglo llegaba a su fin, ya con mayoría de edad cumplida, nuestras vidas docentes seguían caminos paralelos y nos matriculamos en la misma universidad, eso sí, para hacer carreras diferentes.

El día que me dijo que había formalizado su relación con José Antonio, el chico con el frecuentaba más de la cuenta los últimos meses me partió el corazón, y uno de los temores que yo tenía también se hizo oficial, Macarena se había dejado entregar en cuerpo por su ya oficial nuevo novio, me lo contó ella misma, lloré esa noche.

Gloria ya había desaparecido de escena, yo no conseguía ni siquiera volver a besar a una chica, por lo que mi dolor y pena iban en aumento, pero todo esto desaparecería a los tres o cuatro días de recibir por sus propios labios la perdida de la virginidad de la que me enamoré en aquella tarde a orillas del Guadalquivir.

Paulino un buen amigo de la universidad y yo decidimos de adentrarnos y conocer el mundo del sexo a través de chicas que cobraban por dejar que sus carmes permanecieran a un desconocido a cambio de unos billetes que es su caso eran de cinco mil pesetas y por un breve tiempo de placer pasajero.

Mi amigo y yo viajamos esa noche unos kilómetros para entra por primera vez en uno de esos locales con coloridos colores de neón en su entrada para atraer a moscones como nosotros, era un local situado a unos veinte kilómetros de Sevilla en la carretera de Madrid.

Sin contar la primera experiencia donde nos sacaron hasta el último cuarto de peseta que llevábamos en los bolsillos y solo obtuvimos el placer del morbo todos los demás encuentros en ese local fueron de puro gozo y satisfacción, hasta el punto que Paulino y yo tuvimos una seria conversación en la que zanjamos un atrevido tema donde mi amigo se había enamorado de una de las prostitutas del local y que decía que estaba dispuesto a casarse con ella, la chica en cuestión nunca dejó que mi amigo la tocase sin antes enseñarle el billete de cinco mil pesetas que abría la puerta de su corazón.

Capítulo 4

La ruptura de Macarena con José Antonio sirvió para una clara bajada en las defensas de mi amada, ya que entre el dolor y el consuelo que buscó a mi lado hubo un espacio de tiempo para terminar esa noche cabalgado por Macarena que ahogaba sus penas entre jadeos y gemidos al ritmo de sus vaivenes montada encima de mi cintura con nuestros sexos como nexo de unión, teníamos 21 años, nuestras carreras bien encaminadas y con expectativas claras de futuro laboral casi asegurado, esa noche un caprichoso espermatozoide atravesó el óvulo de Macarena.

Esto cambió por completo el rumbo de nuestras vidas, la primera consecuencia, desmedida por parte de Macarena fue la de abandonar los estudios, otra consecuencia que también nos afectaría a todos fue la de la pelea de nuestros padres, que en lugar de ayudar y buscar soluciones para sus hijos terminaron peleándose en el trabajo a puñetazo limpio, con la lógica consecuencia de perder ambos sus puestos de trabajo.

Yo decidí en un principio seguir con mis estudios, pero había algo que no era compatible, y no era otra cosa que la de ser un cabeza de familia que tuviese que llevar dinero a casa para mantener a una esposa y un hijo si lo que estaba haciendo precisamente en esos momentos no era otra cosa más que gastar para sacar mis estudios adelante.

Y sí, eso fue lo que ocurrió, en un acto de valentía o quizás de responsabilidad le pedí matrimonio a Macarena, que con tan solo una noche de sexo intentado mitigar el dolor de un desamor ocasionado por otro amante nos convertimos en marido y mujer en cuestión de dos meses.

Todo ocurrió muy rápido, la ocasión quizá lo merecía, pero el caso es que una vez hechas las paces entre los consuegros y con trabajos diferentes en su haber decidieron de tirar de ahorros y de algún otro préstamo bancario para satisfacer las necesidades de sus primogénitos.

Fueron unos comienzos difíciles, duros, Macarena no estaba enamorada de mí, y aunque yo sí de ella e intentaba hacerlo todo fácil y cómodo habíamos dado un giro tan tremendo a nuestras vidas que no fuimos capaces de llegar a entendernos jamás, nunca me adapté al trabajo de mozo de almacén de aquella fábrica de aceites y Macarena no estaba dispuesta a ser la que me pusiera las zapatillas de estar por casa después de una jornada laboral de más de doce horas.

Cuando nació Reyes ya habíamos hablado de la posibilidad de separarnos, en los seis meses de convivencia no habíamos vuelto a hacer el amor, por lo tanto teníamos un matrimonio basado en una triste noche de consuelo de una esposa enamorada de otro hombre, nada podía salir bien.

Capítulo 5

Pero el nacimiento de nuestra pequeña lo cambió todo de nuevo, Macarena y yo decidimos darnos una oportunidad a la convivencia y criar juntos a nuestra hija, hicimos una especie de pacto de no agresión verbal y pusimos en pie todo aquello que nos podía hacer falta para ser felices.

Reyes iluminó la vida de todos, cambió el carácter agrio de mi esposa y calmó la tensión entre los abuelos, después de cuatro o cinco meses del nacimiento de la pequeña mi esposa y yo hicimos el amor por segunda vez en nuestra vida entre ambos, ya sin riesgo al embarazo por las medidas anticonceptivas que Macarena decidió aplicar, por duplicado, píldora para ella, condón para mí, toda precaución era poca para evitar otro accidente.

Y por mucho que duela y quiera a mi hija esa fue la verdad, lo suyo fue un accidente, algo con lo que no contábamos, algo que se hizo grande en nuestras vidas y no sabíamos por donde agarrar.

Reyes no paraba de crecer y eso era porque comía bien y si comía bien era porque no le faltaba de nada, y para que no le faltase de nada yo tenía que trabajar de lo lindo para llevar dinero a casa, cierto es que nuestros padres nos ayudaban pero no era suficiente, más si quien tenía que administrar el dinero de casa lo gastaba en peluquerías y potingues caros de cosméticos de las marcas más exclusivas y caras que Macarena almacenaba en su cajón secreto que en realidad no era tal porque yo sabía perfectamente de su ubicación.

Para colmo comenzó a salir los sábados por la noche con sus amigas con la excusa de que se pasaba la semana enclaustrada en casa sin poder salir por tener que cuidar a la niña, me decía que yo vivía mejor argumentando que me pasaba el día fuera sin hacer caso a la casa o a la niña, obviando el dato que la totalidad de horas que yo pasaba fuera de casa eran por motivos cien por cien laborales para que no faltase de nada en casa.

Comencé a sospechar de sus infidelidades cuando la niña había cumplido a penas un año, pero nunca tuve fuerzas para preguntar, quizá el miedo a la confirmación de mis sospechas me hacía eludir el tener que soportar la respuesta positiva ante un alarde de sinceridad a la pregunta que nunca realizaría.

Tenía ya la niña cinco años cuando murió mi padre, un sábado por la mañana, Macarena no apareció en todo el día por el tanatorio, tuvimos que dejar la niña con sus padres que no tenían excusa coherente para defender la postura indefendible de su propia hija, a última hora de la tarde apareció vestida de fiesta en el tanatorio para sorpresa y malestar de todos, me dijo que se había tirado todo el día en la peluquería porque esta noche tenía que salir a una despedida de soltera de una amiga y que no podía eludir el compromiso, no durmió esa noche en casa y no apareció en el entierro, la excusa era que estaba muy cansada.

Esperé unas semanas para terminar de ayudar a mi madre con el papeleo y gestiones necesarias para poner al día el penoso nuevo estado de viudez de mi madre, la visita al abogado también me sirvió para informarme de los trámites que había que realizar para un divorcio y las posibilidades reales de poder quedarme con la custodia total de nuestra hija.

Capítulo 6

Fue todo más fácil de lo que pensé en un principio, incluso los padres de Macarena me dijeron que se quedarían más tranquilos sabiendo que sería yo el que me quedase con la custodia total de la niña, mi ya ex esposa vio el cielo abierto cuando lo propuse, lamenté y me dio pena la poca o nula lucha que hizo por su hija, por el bien de la niña creo que lo mejor fue que se quedase finalmente conmigo.

No teníamos ahorros ningunos, el piso era de alquiler y el coche de mi difunto padre, no tuvimos que pelear por ningún bien familiar y el juez no puso impedimento alguno al ver que el propio padre de Macarena testificó a mi favor para la custodia de la niña, volví a mi casa para alegría de mi madre, mis hermanos todavía vivían en ella y mi hija fue una bendición para todos, comencé a ser feliz.

Me dediqué en cuerpo y alma al cuidado exclusivo de mi hija, la convivencia en casa con mi madre y mis hermanos era un remanso de paz, de vez en cuando eran mis propios hermanos o mi madre los que me obligaban a salir para que me despejara y conociera a alguna chica, cosa que no entraba en mis planes, al menos en un corto o medio plazo.

Pero la felicidad dista mucho de ser eterna, y con el paso del tiempo fueron sucediendo varias cosas para terminar quebrando ese sentimiento de armonía donde el ser humano es pleno y libre.

Macarena se fue asentando con el tiempo y acabó casándose con un buen tipo que la guio por la senda de lo estrictamente ético y maternal, por lo que se fue haciendo con el cariño y respeto no solo de la niña, sino, de todos nosotros, hasta tal punto que Reyes pasaba ya más tiempo con su madre y su nuevo padrastro que conmigo.

El fallecimiento repentino de mi madre fue un duro golpe para todos, mis hermanos en plena adolescencia quisieron encontrar una figura paternal en su hermano mayor que era yo, pero yo ni servía ni quería ya ser faro de nadie.

Vivíamos los tres juntos en la casa de mis padres y cada uno se las tenía que apañar para tener no solo su ropa limpia y planchada, además se la tenían que arreglar para saber cocinar si querían comer sano todos los días, y la limpieza de casa dejaba mucho que desear.

En el año 2015 todo volvió a cambiar, Rubén mi hermano pequeño aprobó unas oposiciones para la guardia civil y se marchó de casa, era el único que conseguía poner un poco de orden en el caos de ropa y suciedad que se acumulaba en casa casi hora por hora.

Andrés y yo dejábamos estar más las cosas y no le dábamos importancia ni a olores ni a la cantidad de polvo que atesoraban nuestros muebles, las comidas seguían siendo individualizadas y en mi caso me limitaba a tomar alguna que otra tapa en el bar de abajo para no tener que entrar en la cocina.

Yo me convertí en esa clase de persona apática que le costaba trabajo de relacionarse con nadie, me limitaba a ir solo del trabajo a casa y al revés, mi única incursión en el mundo social era aquel bar donde me atiborraba de montaditos de lomo con salsa verde, la poca variedad en mi nutrición me acarreó algún que otro disgusto de salud, el bueno de mi hermano Andrés era el encargado de asegurarse de que la ingesta de medicamentos fuera siempre la correcta y a la hora establecida por el médico.

Isabel era como se llamaba la chica con el que mi hermano salía desde hacía algún tiempo, quizá un par de años o tres, nunca la trajo a casa, ella se presentó el día que Andrés se tuvo que quedar en casa después de aquel cólico nefrítico.

Capítulo 7

Mis hermanos y yo mantuvimos una de esas reuniones que hacía tiempo debimos de zanjar, la casa era propiedad de los tres, la venta de esta supondría una inyección económica para todos, pero la realidad era que el único que se beneficiaría sería Rubén, ya que su puesto en la guarda civil le aportaba la posibilidad de tener casa sin tener que pagar nada.

El sueldo de peón tanto de mi hermano como el mío no nos daba para mucho más, y si finalmente vendíamos la casa tendríamos que irnos a vivir de alquiler, cosa que nos hundiría prácticamente en la miseria, Andrés soñaba con casarse algún día y formar una familia junto a Isabel, pero dada las circunstancias y la poca posibilidad de ahorros sería completamente imposible, su novia Isabel trabajaba de vez en cuando limpiando casas y eso no le servía de ayuda o más bien de muy poca ayuda para poder conseguir unos ahorros extras y que un banco aceptase darles una hipoteca que en cualquier caso siempre eran de letras superiores a los ingresos de mi hermano Andrés.

En la reunión familiar celebrada a tres en una de las visitas de Rubén llegamos a un acuerdo, la casa seguiría siendo de todos, no iba a ser él el que nos pusiese una zancadilla y nos propuso algo, que Andrés se casara con Isabel, y que se vinieran a vivir conmigo, que juntásemos las tres economías y le pasásemos una cantidad de dinero asequible a lo que ganásemos, el se desentendería de la casa poniéndola a nuestro nombre, al de Andrés y al mío propio.

Aceptamos la propuesta, solo quedaba saber lo que Isabel pudiera opinar, porque no solo conviviría con su marido, sino, que en el paquete familiar vendría su cuñado de regalo, y eso pudiera ser que no fuese buena idea.

Los primeros meses de convivencia fueron no solo de armonía y respeto, sino, que Isabel como ya hizo el día de la visita cuando Andrés enfermó se encargó de dejar una casa limpia y decente, y sobre todo una casa donde se pudiese comer caliente todos los días.

Les dejé su espacio, solo coincidía con ellos a la hora de la cena, Isabel preparaba el canasto tanto para su marido como para mí ya que almorzábamos todos los días fuera de casa, mi salud comenzó a mejorar con la buena alimentación y mi humor fue mejorando al tiempo que me sentía cómodo en ese hogar, a pesar de que en ocasiones me sentía como de estar de prestado en mi propia casa.

Pensé en la posibilidad de volver a salir y retomar viejos contactos, incluso porqué no, conocer a una mujer, era una posibilidad que hasta entonces siempre había rechazado, me seguía conformando con las mensuales visitas a prostíbulos que iba cambiando de mes en mes por el mero hecho de cambiar no solo de chicas sino de escenario, poco que añadir a las costumbres de un putero que renegaba de las mujeres, pero no del sexo con ellas.

Me daba envidia las noches de silencio cuando Isabel me escandalizaba en la alcoba de matrimonio junto a mi hermano con esos sonoros y estruendosos orgasmos, la chica no controlaba el volumen de sus gemidos y explotaba de tal forma cuando conseguía llegar a su cenit que a buen seguro no era yo el único que tenía que soportar sus alaridos de placer, sino, que algún que otro vecino se divertiría con el griterío de la gordita en acción.

Sí, era gorda, con bastantes kilos de más, cierto es que ella ponía límites en su dieta para no sobrepasarse en las comidas, pero sin deporte aparente por su parte y con una tienda de quesos justo al lado de casa era difícil mantener una línea vertical sin curvas cuando te mirases de perfil en un espejo.

Pero Isabel tenía algo que atraía, no sé, quizá era el morbo añadido de ser mi cuñada, quizá sus grandes pechos, o el tener que verla con esa camiseta corta y en bragas todos los días en casa y teniendo que escucharla jadear con las arremetidas de mi hermano.

El caso es que me fui perfeccionando poco a poco en el controvertido mundo del espionaje, y me dediqué a poner oídos cercanos a la pared para disfrutar del espectáculo sonoro de mi cuñada, estropeé a conciencia el cerrojo del cuarto de baño y engrasé todas las bisagras de las puertas para que no chirriasen cuando tuviese que abrirlas sin que nadie tuviese que percatarse de ello.

Capítulo 9

Isabel comenzó a convertirse en un nuevo aliciente en mi vida, ahora tenía un estímulo para llegar a casa, una recompensa, claro que en primer lugar era el de saber que me esperaba una cena caliente y unas sabanas limpias con olor a suavizante, pero lo que realmente me comenzó a obsesionar fue el momento donde ambos se encerraban en su habitación y comenzaban las primeras risitas de mi cuñada para después terminar vociferando a grito limpio que se estaba corriendo, toda una información para la que la escuchase.

Pero estos gritos de placer se fueron alargando en el tiempo, y de ser cada dos o tres días se fueron convirtiendo primero en semanales, ya sabéis eso que se dice de los sábados, para después convertir esos sábados tras sábados en uno al mes.

Yo ya había visto desnuda en varias ocasiones a mi cuñada, espiándola en el baño cada vez que se iba a duchar o abriendo la puerta de su alcoba cuando mi hermano en la posición del misionero o en pocas ocasiones la del "perrito" la embestía desde atrás, eran los días en ambos aún sentían la pasión de los primeros encuentros.

Todo se iba diluyendo entre ellos, y no me refiero al sentimiento ese de amor que supongo había o seguía existiendo en la pareja, me refiero a esa pasión, a esos modos y maneras tan melosas y en ocasiones empalagosas de los primeros meses de convivencia, donde el apelativo de cariño y amor sustituía a los nombres de pila de cada amante, el tiempo los fue acomodando y la rutina y la monotonía comenzó a aparecer en ellos mientras yo observaba desde mi butaca preferente la distancia imaginaria que comenzó a establecerse en el matrimonio.

Isabel se enfadaba cuando Andrés no le hacía referencia al nuevo corte de pelo que mi cuñada acababa de hacerse en la peluquería, o no apreciaba el nueve ingrediente que había utilizado para hacer las albóndigas, tampoco le hacía referencia a los kilos que mi cuñada iba perdiendo, eso sí, en marchas muy cortas y sin prisas, que nunca fueron buenas estas últimas.

Andrés por su parte se quejaba de que mi cuñada no valorase las muchas horas de trabajo que Andrés tenía que echar para poder llevar un sueldo digno a casa o los pocos gastos extras que tenía al no ser hombre de bares ni de vicios.

Pero en líneas generales sí que se querían, supongo que todo esto formaba parte de la rutina del matrimonio que a buen seguro cualquier lector sumergido en este contrato nupcial sabe perfectamente de lo que hablo.

Como resulta que a todo esto yo estaba en medio de cualquier situación pues siempre servía de referencia o apoyo para la defensa de cualquiera de los contrincantes, pero como bien es sabido que es el tercero en liza el que siempre sale perdiendo pues tomé la decisión de no intervenir nunca en sus riñas cuando las tenía, me solía ausentar y después darle la razón a cada uno por separado, eso me fue convirtiendo a lo tonto en el apoyo emocional de ambos.

Capítulo 10

Era un apoyo para los dos, conocía de sus secretos e intimidades, pero la realidad era algo distinta, no sé como explicarlo para que el lector llegue a comprenderme, no es muy difícil. Mientras aconsejaba a mi hermano de la manera más pura y fraternal para que sacara adelante cualquier problemilla casero que surgía con el roce de la convivencia no podía hacer lo mismo con Isabel, a la que por mucho que quisiera tratar como a una hermana de sobra sabía que no lo era, y posiblemente ella también lo sabía.

Cada día me atraía más, y con la llegada de las fechas de calor que aquí en Sevilla era ya a mediados de marzo mi mente se ensuciaba por horas cuando mi cuñada se iba deshaciendo del atuendo de invierno dejando sus carnes al descubierto para refrescar su cuerpo y calentar mi mente.

Me las apañaba para conseguir roces involuntarios en la cocina o el pasillo para terminar masturbándome en el baño con la imaginación puesta en las generosas lorzas de mi cuñada, lo de abrir las puertas por accidente era ya habitual en mí y mi cuñada lo achacaba a lo despistado que era al igual que mi hermano, siempre me excusaba de cualquier modo.

Pero sus excusas no servían para apaciguar el fuego interno que me provocaba la ligereza de ropa en esa casa, ya que para su comodidad deambulaba por casa con esa vieja camiseta sin sujetador y con unos tangas que con semejante culo engullía el fino cordel que atravesaba la partición de ambos lados de sus glúteos.

Y poco a poco y casi sin querer se me fueron escapando piropos, un día le hacía referencia a su peinado, otro al día que se cambiaba de color el esmalte de sus uñas o incluso los pocos gramos que había perdido en esa semana y que yo exageraba como si fuera una arroba lo que llegó a perder.

Ella se sentía bien, le subía la autoestima, eso me venía bien porque tenía ración extra de albóndigas y a mi hermano le venía de perlas porque su esposa estaba de buen humor y no había ataques innecesarios porque hubiese llenado el lavabo de pelos al afeitarse.

Pero mi cuñada y yo comenzamos quizá ese juego peligroso de cortejo en el que ambos sabíamos que tocábamos terreno pantanoso y podíamos acabar con el barro al cuello sin posibilidad de salir.

Estos juegos eran pequeños deslices en los que ella accidentalmente dejando la puerta abierta del baño o de su habitación se desnudaba justo a mi paso, o a mí se me escapaba una pequeña palmadita en el trasero cuando me estorbaba en la cocina para coger un vaso, y ese coqueteo comenzó a ir a más.

Capítulo 11

Uno de los pocos sábados en los que no me tocó ir a trabajar aproveché la cama sin poner el maldito despertador, me lamenté cuando escuché sonar al de mi hermano Andrés a las cinco de la mañana para hacer lo propio como casi todos los sábados, pero me di la vuelta y continué durmiendo, alegrándome de poder seguir en la cama unas horas más.

Isabel no se lo pensó dos veces y a eso de las nueve de la mañana irrumpió en mi alcoba levantando la persiana con la excusa de que los sábados era el día en que tenía que lavar y cambiar las sabanas de las camas, de nada sirvieron mis súplicas de que me dejase un rato más en la cama, se quedó mirando algo, yo ni siquiera me había dado cuenta.

Una erección matutina, tumbado en la cama con unos simples calzoncillos de slip mi miembro se escondía erecto allí debajo para contemplación de los ojos de mi cuñada, pero claro, ella no se podía quedar callada y simular que no había visto nada

- Eres un cerdo, a saber, lo que estabas soñando
- Te lo puedo decir si quieres, no era nada malo, quizá te guste
- Sí, seguro que me gustará las guarrerías con las que tu sueñas
- Pues en el sueño estabas tú, desnuda… y mira el resultado

Mi cuñada se ruborizó claramente y salió dando un portazo en la habitación, con su retahíla ya repetida de que era un cochino por tener esa clase de sueños, ¡y con su cuñada! Se repetía exagerando el tono de voz, lo que me hacía comprender que se tenía que esforzar para darle a aquello un toque de vergüenza o pudor.

No zanjó el tema, me levanté, me lavé la cara y me fui a la cocina en calzoncillos para prepararme un café

- ¿ya has bajado el mástil? ¿no te habrás tocado? Lávate las manos, guarro (dijo en tono jocoso)
- No seas idiota cuñada, se bajó solo cuando te vi entrar en la habitación (contesté más guasón aún)
- ¿me estás llamando fea? Pues tú mismo me has dicho que era conmigo con quien estabas soñando
- Hay sueños que son pesadillas, no te he dicho que el sueño fuese bonito

- Ya quisieras tú disfrutar de un cuerpo como este (lo dijo subiendo unos centímetros la camiseta que llevaba puesta enseñando solo el principio de sus bragas)
- Y más quisieras tú tener esto entre tus piernas (lo dije sin pensar al tiempo que le cogí la mano intentándola acercar a mi prenda)

Todavía recuerdo el bofetón de mi cuñada, no se lo pensó dos veces, me giró por completo tirando al suelo el vaso de café que me acababa de preparar.

Capítulo 12

Me pidió enseguida perdón, no controló su fuerza, aunque yo sabía que posiblemente me había pasado de frenada con mi comentario no me esperaba la reacción de Isabel.

Se interesó enseguida por mí y como consuelo intentó darme un beso en la mejilla aún sonrosada por el golpe, beso y abrazo, para demostrar mi disculpa me atreví a darle una palmada en el trasero mientras me abrazaba argumentándole que el partido estaba en empate a uno.

La cosa se podía haber parado ahí, mi cuñada acababa de pararme los pies y yo intenté seguir caminando, pero lo que conseguí con mi contraataque fue empezar una pelea simulada en la que mi intención era la de hacer cosquillas a mi cuñada mientras ella intentaba de morderme para frenar mi propósito.

La fuerza de Isabel era descomunal, y acabó por sujetarme ambas muñecas con sus manos, pegada a mí, cuerpo frente a cuerpo acercó su boca a mi nariz y simuló o más bien llegó a morder con sus dientes causándome más placer que daño.

Cuando apartó su boca de mi nariz nos quedamos mirándonos, a escasos centímetros el uno del otro, una nueva erección comenzaba a obrarse dentro de la tela de mi calzoncillo, planté mi boca en su boca sin pensarlo, ella me recibió abriendo la suya y buscando mi lengua para jugar con ella.

Ya me había soltado de las muñecas y mis manos se deslizaron por dentro de su camiseta buscando y encontrando sus grandes pechos, nuestras bocas luchaban incesantes mordiendo en ocasiones nuestros labios.

Como animales en celo rabiosos y ávidos de sexo jugueteamos con nuestras lenguas fuera de nuestras bocas que salían a lamer la piel del otro, sin contemplación y con gestos casi violentos.

Le quité la camiseta casi a la fuerza tirándome de cabeza a sus enormes pechos que escondían esos enormes pezones con el diámetro del culo de una taza de chocolate, como el color de sus areolas.

Mientras me ahogaba en tal cantidad desmedida de carne mis manos apretaban fuerte su trasero mientras ella intentaba gestionar ya el ritmo jadeante de su respiración comenzando a emitir sus primeros gemidos.

Capítulo 13

la cogí de la mano y tiré con fuerza de ella para llevármela a ni habitación, seguí sobando y lamiendo su piel, sus pechos, sus pezones, bajando por la barriga hasta encontrar escondida las bragas debajo de su hinchado vientre, las bajé sin contemplaciones y aspiré el aroma peculiar que desprende el sexo húmedo, velludo y lubricado por la excitación del momento.

Le ayudé a tumbarse en la cama, lo hizo desde la zona donde reposan los pies, una vez tumbada y mirando al techo flexionó sus piernas y las levantó al cielo dejando ver esa maraña de pelos rizados que a buen seguro escondía un trozo de carne rosado y lubricado en su interior.

Aparté con la ayuda de la yema de mis dedos sus labios vaginales cubierto de pelo húmedo y rizado para descubrir la rojez de su carne desnuda, agaché mi cabeza y sin contemplación alguna la comencé a pasear por todo su sexo sin saber siquiera cual era el punto del placer.

Pero el placer era el morbo de estar allí esa mañana, y mi cuñada se daba placer a sí misma introduciendo sus dedos en su sexo al tiempo que yo exploraba con mi lengua todo lo que me mostraba allí tumbada, y eso incluía las cercanías del oscuro callejón estrecho que quería aparecer por detrás, entre gritos y jadeos Isabel consiguió tener un orgasmo.

Pero había más, me había quedado de pie delante de la cama y mi cuñada solo tuvo que incorporarse para que mi cintura quedase a la altura de su cabeza, yo llevaba aún puesto el slip, prenda que sin pensarlo bajó Isabel para goce y disfrute de ambos, introduciéndose el erecto miembro en su boca, quería ahogarse con él, quería disfrutarlo sin perder un centímetro de piel, colocó sus manos en mis nalgas y apretó sus uñas para tener aún mas tensión con el falo dentro de su boca, podía sentir como el calor de su lengua jugaba como podía en el angosto hueco que le permitía sus dientes escondidos.

Sentía que me iba, y podía haberlo hecho, pero sabía que debía de aguantar el tirón, yo quería entrar dentro de mi cuñada y aunque ya lo había hecho en su boca era en su sexo donde quería aparcar mi carne.

Volvió a tumbarse en la cama, no sin antes volver a bañarla con mi saliva lamiendo de nuevo sus enormes senos y sus nalgas, volvía a jadear y sus sonoros gemido tenían que ser amortiguados introduciendo mis dedos en su boca.

Volvió a levantar de nuevo sus piernas, esta vez para permitir la entrada de mi sexo, se ayudó de su mano derecha para hacer de guía al falo, estaba ardiente, su lubricación quemaba la desnudez de mi glande, y entre tanto el miembro entraba despacito por las paredes de su flor hasta sentir que no podía empujar más porque no había más carne que esconder.

Comenzamos primero con un suave contoneo, deslizamientos lentos y pausados de ambos sexos lubricados, no quería acelerar el ritmo para no terminar el goce, mis manos descansaban en la cama a cada lado de las caderas de mi cuñada mientras nuestras cinturas estaban soldadas y mi torso levantado para contemplar los senos de Isabel desparramados en ambos lados por su volumen.

Tenía que hacer esfuerzos titánicos para no terminar inundando las entrañas de mi cuñada, tuve que quitar mis manos de donde las tenía y dejar caer mi cuerpo encima de el de ella, terminando de aplastar sus senos con mi pecho, ella tumbada en la cama con sus piernas bien abiertas y con sus manos apretando mis glúteos con la manía placentera de seguir clavando sus uñas en ellos.

A medida que iba pasando el proceso amatorio noté como podía ir controlando mis ganas de eyacular y terminar con la faena ardiente y pecadora que habíamos empezado, por lo que comencé a acelerar el ritmo de mis sacudidas, convirtiendo el encuentro inicial de suave y parsimonioso en agresivo y casi violento, ya que Isabel terminó por cruzar sus piernas por mis nalgas y arañar con sus largas uñas mi espalda.

Sus sonoros gemidos intentaba ahora amortiguarlos con mi boca, pero eran encuentros de tal violencia que terminábamos chocando nuestros dientes y mordiendo nuestros labios, mis sacudidas eran ahora violentas y en cada acto de empuje apretaba con fuerzas mis glúteos para dar más fuerza a la penetración ocasionando en cada embestida jadeos y gritos imposibles ya de disimular.

Pude sentir el temblor de su vientre cuando esos jadeos eran tan ahogados que pensé que mi cuñada perdería el aliento y se desmayaría allí mismo, señal de que un nuevo orgasmo iba a llegar, quise hacerlo al mismo tiempo que ella y sin más aliento que mi pecadora aumente en la medida de lo posible esas duras sacudidas para que ya no pudiese aguantar más, y entre gritos, gemidos y jadeos me pidió que terminase dentro de ella cuando fue consciente de que el cenit era al unísono y no iba a permitir derrochar un segundo de placer, por lo que finalmente terminé anegando el sexo de mi cuñada en mitad del griterío y de la sangría que sospechaba había convertido mi espalda.

www.ingramcontent.com/pod-product-compliance
Lightning Source LLC
Chambersburg PA
CBHW071235240726
48654CB00009B/1054